문장구조 분석능력을 길러서
회화, 작문의 응용력과 독해의 정확성을 높여주는

중국어 문법

이 상 도

UUP

중국어 문법

■

2011년 8월 25일 **초판 인쇄** ▪ 2011년 8월 30일 **초판 발행** ▪ **지은이** 이상도 ▪ **펴낸이** 이철
▪ **펴낸곳** UUP(울산대학교출판부) 680-749 울산광역시 남구 대학로 93(무거동) 울산대학교 출판부
▪ 전화 (052)259-2488 팩스 (052)277-3011 ▪ **홈페이지** http://uup.ulsan.ac.kr
▪ **출판등록** 제370-1996-000001호(1996.3.13)
▪ ₩ 13,500

■

「이 도서의 국립중앙도서관 출판시도서목록(CIP)은 e-CIP홈페이지(http://www.nl.go.kr/ecip)와 국가자료공동목록시스템(http://www.nl.go.kr/kolisnet)에서 이용하실 수 있습니다.(CIP제어번호 : CIP2011003568)

ISBN 978.89.7868.258.9 (93720)

머리말

중국어 학습에 세 가지 난관이 있다. 첫째가 '듣기'. 듣고 구별할 수 없으면 발음을 제대로 할 수 없다. 발음이 안 되면 단어나 문장을 외울 수도 없고 외워도 소용이 없다. 둘째는 '간체자'. 어휘량은 주로 강독을 통해 늘어나므로 읽기가 중요하다. 간체자를 모르고는 읽고 쓰기가 되지 않는다. 셋째가 '문장 구조의 이해'이다. 듣기도 되고 발음도 정확하며 단어를 많이 알고 있어도 문장의 내부구조를 모르면 정확한 해석도 안 되고, '응용'해서 작문할 수도 없다.

이 책은 두 번째 난관까지 넘어온 학습자들을 위해서 만들어졌다. 예를 들어 문장 내부구조 분석을 통해 다음 중국어 문장을 정확하게 해석하고, 응용하여 작문할 수 있다.

(1) 小孩长得我不认识了。

▸ 小孩(아이), 长(자라다), 得(구조조사), 我(나), 不(부정부사), 认识(사람을 안다), 了(어기조사)

▸ 문장내부 구조: **양태보어문**

小孩	长得	我不认识了
주어	술어	양태보어

▸ 해석: 아이가 **어찌나** 자랐**는지** 내가 몰라볼 정도였다.

(2) 작문: **어찌나** 피곤**한지** 밥 먹을 생각이 없다.

▸1단계: "어찌나 ~한지 ……"는 '양태보어문'의 특징

▸2단계: 양태보어문의 문장구조 → '주어-술어-得-양태보어'

▸3단계: 피곤하다(累), 밥 먹다(吃饭), 생각이 없다:~하고 싶지 않다(不想)

▸4단계: 累得不想吃饭。(주어는 생략됨)

(3) 응용: 어찌나 바쁜지 물 마실 시간도 없다.

▸ 바쁘다(忙), 물 마시다(喝水), 시간(时间), 없다(没有)

▸ 忙得没有喝水的时间。

또 문장구조를 제대로 파악해야 정확한 해석을 할 수 있다. 예를 들면 '想起来'라는 문장을 구조에 따라 다음과 같이 해석할 수 있다.

(4) 일어나고 싶다.

想	**起**	来
부사어	**술어**	추향보어

(5) 생각이 나다.

想	起	来
술어	추향보어	추향보어

문법은 한 사물에 대한 그림과 같다. 그 사물의 참모습을 잘 드러내고자 그리는 그림이 화가마다 제각각일 수 있는 것과 마찬가지로 중국어를 묘사하는 문법체계를 학자마다 달리 설명할 수 있다. 학습자로 하여금 더 쉽고 더 정확하게 이해할 수 있다면 그것이 가장 좋은 문법체계이다.

시중에 이미 좋은 문법책이 많이 나와 있다. 번역서도 있고 국내학자들의 저서도 있다. 이 책이 그 책들과 다른 점은 다음과 같다.

1. 초급학습자를 대상으로 하며, 기초적인 문법사항만 서술하였다. 따라서 세부적인 문법사항은 다른 적절한 문법책을 소개하여 참고하도록 하였다.
2. 학습자들이 중국어 문장을 구조적으로 이해하게 하는 것이 목적이기 때문에 중국어 어휘나 품사 부분을 과감히 생략하고, 설명이 필요한 경우 본문이나 각주에서 설명을 덧붙였다.
3. 기호를 사용하여 문장성분을 일일이 구분함으로써 학습자들이 이해하기 쉽게 하였다.
4. 입말 재료를 위주로 하였으며, 초급학습자용임을 감안하여 단어의 독음과 뜻을 달았다.

설명이 미흡한 부분이나 오탈자도 더러 있을 것이다. 이는 전적으로 필자의 수준과 게으름 탓이다. 양해와 질정을 바란다.

울산 석천리에서

이상도

일러두기

1. 이 책은 대학교 1학년 2학기 혹은 2학년 1학기 과정 중국어 전공자가 중국어 문장의 구조를 쉽게 이해하도록 하기 위해 만들어진 책이다.

2. 부가 설명이 필요한 술어에 대해서는 매번 설명을 하지 않고, 부록 뒤 「찾아보기」에서 해당 페이지를 찾아볼 수 있게 하였다.

3. 중국어 문장은 우리말과 같이 단어나 어구 단위로 띄어쓰기 하는 것이 아니다. 초급학습자가 이로 인해 단어나 어절 파악에 다소 어려움을 느낄 수 있다고 판단되어, 본 교재에서는 단어별로 띄어쓰기, 어구 단위로 띄어쓰기를 단계적으로 도입하였다.

4. 단문 분석의 경우 띄어쓰기를 한 다음, 문장 성분을 밝혔다. 이것은 문형 구조 파악에 필수적이다. 문장 성분 표지는 다음과 같다.

■ **주어/ {부사어} 술어<보어> (관형어) [목적어]**

단, 「주어+술어」로 구성되어 있는 주술구가 주어나 술어로 올 경우 주술구의 주어 술어 구분을 「/」로 하고, 전체 문장의 주어부와 술어부 구분은 「//」로 한다.

주 어	/	술 어 부
주 어	//	주어/ 술어
주 어 부	/	술 어 부
주어/ 술어	//	술 어 부

또 각 문장성분이 긴 어구로 되어 있어 분석이 필요한 경우 각각 다음과 같이 표시를 바꾸었다.

((관형어)) 주어/ {{부사어}} 술어 《보어》 【목적어】

즉 목적어가 긴 어구인 경우 아래의 예와 같이 목적어 표시를 [ ] 대신 【 】로 바꾸고 그 안에서 다시 문장 분석을 하였으며, 어구로 되어 있는 양태보어의 경우 《 》로 바꾸어 어구의 문장성분을 분석했다.

▶ 목적어가 어구인 경우

주어/ 술어 【주어/{부사어}술어(관형어)[목적어]】

▶ 양태보어가 어구인 경우

주어/ 술어 得 《주어/{부사어}술어(관형어)[목적어]》

▶ 관형어가 어구인 경우

((주어/{부사어}술어(관형어)[목적어])) 주어/ 술어부

▶ 부사어가 어구인 경우

주어/ {{주어/{부사어}술어(관형어)[목적어]}} 술어

특수문형일 경우, 연동문과 겸어문은 각각 다음과 같이 표기하였다.

연동문 ▶ **주어**/ **술어**1 [**목적어**1] **술어**2 [**목적어**2]

겸어문 ▶ **주어**// **술어**1 [**겸어**]/ **술어부**

5. 이음절 단어로도 쓰이지만 경우에 따라 각 어소가 분리되어 그 사이에 다른 단어가 낄 수 있는 부류의 단어, 즉 동목이합사(动目离合词)는 단어 해설에서 동목이합사임을 밝혔다.

6. 중 · 장문 실습에서 서로 호응하는 「짝단어」, 예를 들면 「**在**~**时候**」, 「**一**~**就**~」 등과 같이 자주 같이 쓰이는 「단어 쌍」은 글자체를 굵게 하거나 밑줄을 그어두었다.

7. 접속사, 조사는 단독으로 문장성분이 되지 못한다. 따라서 문장성분 분석에서 제외하였다. 다만 표시가 없는 술어와 혼동을 할 수 있기 때문에 필요한 경우 ***이탤릭체*** (기울어진 서체)로 표기하였다.

8. 이 책은 중국어 문법을 우리 실정에 맞게 재구성한 것이다. 본격적인 강독에 들어가기 앞서 강독에 대한 기초 훈련 과정이라고 할 수 있다.

학습목표와 학습요령

1. 학습목표는
   - 중국어 문장 구조 분석능력 함양
   - 중국어 읽기 능력 신장
   - 중국어 작문 능력 신장

   이 목표를 달성하기 위해 기본어휘 약 1033 단어(HSK급 상용 단어)를 봐서 이해할 수 있어야 하고, 그 중 약 500 단어를 적절하게 활용할 수 있어야 하며, 사전을 적절히 활용할 수 있는 능력이 있어야 한다.

2. 중국어 단문 분석은 문장 성분별 표시가 되어 있으므로 우리말의 문장 성분과 대조해 봄으로써 우리말의 어떤 단어는 중국어에서 어떤 문장성분으로 표시되는지 살펴볼 수 있다.

3. 중 · 장문 실습에서 모르는 단어가 나오면 그 아래 참고 어휘를 먼저 보거나 사전을 찾지 말고 일단 앞뒤 문맥을 참고하여 대략적인 해석을 한 다음, 사전에서 그 단어에 그런 의미나

기능이 있는지 찾아보는 것이 중요하다. 모르는 단어는 언제든 나올 수 있기 때문에 이렇게 훈련을 해두면 좋다.

4. 끊어읽기와 강약을 살려서 소리 내어 읽고, 외울 정도로 자주 읽는다. 우리말 해석만 보고 먼저 중국어 문형을 알아맞힌 다음 중국어로 작문을 해보는 훈련도 효과적이다.

5. 말은 입에서 한 가닥으로 나오기 때문에(언어의 线条性), 앞에 나온 단어(혹은 어소)는 뒤에 나올 단어(혹은 어소)가 무엇일 것이라는 정보를 제공한다.

「在」를 예로 들면, 첫째 「在」 뒤에 처소사(장소 표시 명사)만 올 수 있다. 이 경우 「在」는 주어가 그 장소에 존재함을 나타내는 동사이다. 둘째 「在」 뒤에 「동사」가 올 수 있다. 이 경우 「在」는 술어인 동사가 나타내는 동작·행위가 진행 중임을 나타내는 부사일 가능성이 있다. 셋째 「在」 뒤에 처소사(+방위사)가 바로 오고 그 뒤에 또 「동사」가 올 수 있다. 이 경우 「在」는 술어인 동사가 나타내는 동작·행위가 처소사가 나타내는 장소에서 이루어짐을 나타내는 전치사이다. 넷째 「在」 뒤에 어구가 오고 그 다음에 「时候」이 오는 경우 「在」는 전치사로서 문장의 사건이 일어난 때를 나타내는 부사어가 된다.

이와 같이 전치사, 조사, 접속사와 같은 어법기능어(허사)들은 그 다음에 어떤 유형의 단어(어구)가 오는지 미리 알려주는 역할을 하기 때문에 잘 알아두어야 한다.

차 례

1. 주어

우리말에는 주격조사가 있어 「~은, ~는, ~이, ~가」가 붙어 있는 부분이 주어가 될 확률이 높지만, 중국어에는 격조사도 없고 게다가 띄어쓰기를 하지 않기 때문에 주어를 찾아내기가 우리만큼 쉽지 않다.

일반적으로 주어는 술어 앞에 오는 문장성분이다. 주어 앞에는 관형어가 올 수 있다. 주어는 일반적으로 동작의 주체가 되거나 묘사 · 기술의 대상이 된다.[1] 따라서 일단 위치 상 술어 앞이면 주어로 간주하고(위치주의), 문형(구조)에 따라서 해석하면 된다.

1.1 주어가 단어인 경우

우선 주어가 될 수 있는 단어의 품사를 살펴보자. 이 경우는 주어가 한 단어인 경우를 말한다. 흔히 주어가 되는 단어는 일반

1) 그렇지 않은 경우도 있다. 우리말로 해석을 해놓고 보면 주어는 부사어 같고 목적어가 도리어 주어 같은 경우도 있다.
窗台上/ 放着 [花]。창문턱에 꽃이 놓여져 있다.(7.4 존현문 참조).

적으로 명사나 대체사[2])이다.

① 我/ {先} 走。(대체사)
wǒ(나) xiān(먼저) zǒu(가다, 떠나다)
나 먼저 간다.

② 天气/ {很} 好。[3]) (명사)
tiānqì(날씨) hěn(아주) hǎo(좋다)
날씨가 아주 좋다.

③ 他/ {不} 是 [学生]。(대체사)
tā(그) bù(否定) shì(이다) xuésheng(학생)
그는 학생이 아니다.

④ 姐姐/ 在 [家] 吗? (명사)
jiějie(언니)/ zài(있다) jiā(집) mɑ(어기조사)
언니는 집에 있느냐?

주어가 관형어의 수식을 받는 문장이 흔하다. 특히 명사가 대체사나 수사의 수식을 받을 경우 반드시 양사[4])를 동반해야 한다.

---

2) 대명사는 사물에 이름을 붙이지 않고 다만 가리키기만 하는 품사로 정의될 수 있다. 즉 명사를 대신할 수 있는 단어를 말한다. 중국어는 명사 뿐 아니라 부사 · 형용사 · 동사 · 수량사구를 대신하여 쓰이는 단어부류가 있다. 이를 각각 대명사 · 대부사 · 대형용사 · 대동사 · 대수량사구로 부르지 않고, 이를 하나로 묶어서 「대체사」라고 한다. 대체사의 특징과 기능은 거의 명사와 같다. 단 대체사는 글말로 표현되는 경우를 제외하면, 일반적으로 다른 모든 단어(어구)의 수식을 받을 수 없다.

3) 단음절 형용사는 단독으로 술어가 되지 못하고 대개 부사 很, 非常 등의 수식을 받아야 한다.

4) 「마리 · 켤레 · 개…」등 국어의 단위성 의존명사를 중국어에서는 양사(**量词**)라고 한다.

따라서 명사를 외울 때는 해당 양사와 같이 외워두는 것이 좋다.

⑤ (他[5])) 哥哥/ {还} {没} 吃 [饭]。

tā([대] 그) gēge([명] 형, 오빠) hái(아직) méi(완료부정) chī(먹다) fàn(밥)

그의 형은 아직도 밥을 먹지 않았다.

⑥ (那 个) 人/ 叫 (什么) [名字]?

rén(사람) jiào(부르다) shénme(어떤) míngzì(이름)

그 사람은 어떤 이름으로 불리느냐? → 그 사람은 이름이 무엇이냐?

⑦ (那 两 个) 人/ 是 (我) [父母]。

liǎng(둘) rén(사람) fùmǔ(부모)

저 두 분이 내 부모님이시다.

⑧ (你 的) 书/ 在 [哪儿]?

nǐ(너) de(~의) shū(책) zài(있다) nǎr(어디)

너의 책은 어디에 있느냐?

⑨ (看 中国 书 的) (那 两 个) 小孩子/ {很} 聪明。[6)]

kàn(읽다) Zhōngguó(중국) shū(책) de(~하는) nà(그) liǎng(두) ge(명) xiǎoháizi(어린이) hěn(아주) congming(총명하다)

중국 책을 읽는 그 두 명의 어린이는 꽤 총명하다.

---

5) 이 경우 인칭대체사와 명사의 관계가 「친족, 관련기관」일 경우 조사 「的」를 동반하지 않을 수 있다.

6) 관형어가 두 가지 이상인 경우 우선되는 관형어가 정해져 있다.
☞ 78쪽 다항관형어의 배열순서 참조.

흔치는 않지만, 형용사도 주어가 될 수 있다.

⑩ <u>勤俭</u>/ 是 (一 种) [美德]。

qínjiǎn(형근검하다) zhǒng(~종류) měidé(미덕)

<u>근검함은</u> 미덕의 일종이다.

주어가 무정(无情)명사 일 때는 주어를 「에서」로 번역한다. 이런 우리말을 중국어로 작문할 때 주어로 작문할 수 있도록 유의해야 한다.

⑪ 学校/ 给 [他] [奖学金] 了。

xuéxiào(학교) gěi(주다) tā(그) jiǎngxuéjīn(장학금) le(어기조사)

학교에서 그에게 장학금을 주었다.

⑫ 延边/ 有 (个) [白头山]。

Yánbiān(연변) yǒu(가지고 있다) ge(~개) Báitóu shān(백두산)

연변에 백두산이라는 산이 있다.

1.2 주어가 어구인 경우

중국어 어법에서 말하는 「词组」나 「短语」는 엄밀히 말하자면 어구(phrase)나 어절(clause)과 다르다. 어구(phrase)는 학자에 따라 다른 정의로 사용되지만, 일반적으로 주술관계를 이루는 단어 결합인 어절(clause)이나 문장(sentence) 범위 밖에서 논의된다. 중국어의 「词组(短语)」는 이런 구분이 없다는 것이 특징이다. 즉 단어가 주술관계로 결합된 형태도 어구에 포함한다. 이 책에서는 단어가 두 개 이상 독립적으로 결합되는 덩어리를 「어구」라고 한다.

주어가 되는 어구의 형태는 아주 다양하다. 자주 쓰이는 예를 위주로 살펴보면 다음과 같다.

1) 주어부 어구의 내부구조가 병렬형인 경우.

① 锻炼 锻炼/ {也} 好。[동사 중첩[7]]
duànliàn(단련하다 · 운동하다) yě(역시 · ~도) hǎo(좋다)
<u>좀 운동하는 것</u>도 좋다.

② 蔚山 ***和*** 釜山/ {都} 在 (韩国) [东南部]。
Wèishān(울산) hé([접]~와) Fǔshān(부산) dōu(모두) zài(있다) Hánguó(한국) dōngnánbù(동남부)
<u>울산과 부산은</u> 모두 한국 동남부에 있다.

---

7) 동사가 중첩되면 「잠시 ~해보다」의 의미가 추가됨. 이를 잠시상이라고 함. ☞269쪽 동작상 참조.

2) 「~的 **명사구**[8]」**가 주어가 되는 경우**

③ 穿 [裤子] 的/ 是 (我) [妈妈]。
chuān(입다) kùzi(바지) de(~인 것) shì(이다)
wǒ(나) māma(엄마)
바지를 입고 있는 분이 내 엄마이다.

④ {前面} 来 的/ {就} 是 (李)[老师]。
qiánmiàn(앞) lái(오다) de(~인 것) jiù(바로) shì(이다) Lǐ(姓)
lǎoshī(선생님)
앞에 오는 분이 바로 이선생님이시다.

⑤ 说 的/ 说, 笑 的/ 笑, {非常} 热闹。
shuō(말하다) de(~인 것) xiào(웃다) de(~인 것)
fēicháng(대단히) rènao(시끌벅적하다)
말하는 이는 말하고, 웃는 이는 웃고, 아주 시끌벅적하다.

⑥ 红 的, 绿 的,/ {都} {很} 漂亮。
hóng(붉다) de(~인 것) lǜ(푸르다) dōu(모두)
hěn(아주) piàoliang(아름답다)
붉은 것, 푸른 것, 모두 아주 아름답다.

⑦ 你 得 的/ 是 (流行性) [感冒]。
dé(얻다) liúxíngxìng(유행성) gǎnmào(감기)
네가 걸린 것은 유행성 감기이다.

---

8) 「~的명사구」는 동사(구)나 형용사 등 뒤에 的가 와서 단어나 어구를 명사화시킨다. 우리말로는 대개 '~한(인) 사람(분/자)', '~한(인) 것'으로 번역된다.

3) 어구의 내부구조가 지배형(동사+목적어)인 경우.

⑧ 吸烟/ {不} 好。

xī(피우다) yān(담배) hǎo(좋다)

담배 피우는 것이 좋지 않다.

⑨ 写 汉字/ {不} 难 吗?

xiě(쓰다) hànzi(한자) nán(어렵다)

한자를 쓰는 것이 어렵지 않나요?

4) 어구의 내부구조가 주술형인 경우.

⑩ 你/ {这样} 解决 [问题]// {不} 好。

nǐ(너) zhèyàng(이렇게) jiějué(해결하다) wèntí(문제)

네가 이렇게 문제를 해결하는 것은 좋지 않다.

⑪ 他/ {不} 吃 [西瓜]// {太} 可惜 了。

xīguā(수박) tài(너무) kěxī(애석하다, 아깝다)

그가 수박을 먹지 않으니 너무 애석하다.

1.3 주어가 없는 경우 (무주어문)

대개 입말(口语)에서는 오히려 주어 없이 말하는 경우가 많다. 글말(书面语)에서도 주어를 생략하고 쓰는 경우가 있으나, 여기서는 마땅한 주어를 찾을 수 없거나 불필요한 경우만 구한

한다. 자연현상을 말할 때 주로 이 문형을 사용한다.

① 下 [雨] 了。
xià(내리다) yŭ(비) le(어기조사)
비가 온다.

② 出 [太阳] 了。
chū(나오다) tàiyáng(해)
해가 나왔다.

③ 刮 [风] 了。
guā(불다) fēng(바람)
바람이 분다.

④ 放 [假] 了。
fàng jià(방학하다: 동목이합사)
방학이 되었다.

⑤ 爱护 [公物]!
àihù(아끼고 보살피다) gōngwù(공공물건)
공공 물건을 아끼고 보살피자.

⑥ 加 [油]!
jiā yóu
힘내라! (화이팅!)

연습문제

다음 문장을 중국어로 작문하시오.

① 당신은 어디로 가십니까?

② 나는 다시 올 거야.

huì(할 것이다) zài(다시) lái(오다)

③ 저 학생 참 멋있다.

xuésheng(학생) shuài(멋있다)

* 주의: 명사가 대체사나 수사의 수식을 받을 때 양사 동반

④ 저 두 학생은 어느 학교 학생이지?

xuéxiào(학교)

---

① 답 你/ 去 [哪儿]?
② 답 我/{会}{再}来的。
③ 답 (那 个) 学生/ {很} 帅。
④ 답 (那 两 个) 学生/ 是 (哪 个 学校 的) [学生]?

⑤ 중국의 만리장성은 정말 대단하다!
chángchéng(만리장성) zhēnshì(정말) liǎobuqǐ(대단하다)

⑥ 여기 날씨는 더운 편이 아니다.
tiānqì(날씨) suàn(~셈이다) rè(덥다)

⑦ 몸을 단련하는 것이 아주 중요해!
duànliàn(단련하다, 운동하다) shēntǐ(몸, 건강)
zhòngyào(중요하다)

⑧ 편지 한 통 부치는 데 얼마인가요?
jì(부치다) fēng(~통) xìn(편지), duōshǎo(얼마) qián(돈)

---

⑤ 답 (中国 的) 长城/ {真是} 了不起！
⑥ 답 (这儿 的) 天气/ {不}算 [热]。
⑦ 답 锻炼 身体/ {很} 重要 啊！
⑧ 답 寄 一 封 信/ (多少)[钱]?

⑨ 내가 이렇게 하는 것은 옳은 것이야.

zhèyàng(이렇게) zuò(하다) duì(옳다)

⑩ 그가 부른 것은 무슨 노래지?

chàng(부르다) gē(노래)

---

⑨ 답 我/ {这样} 做// 是 [对 的]。[9]

⑩ 답 他/ 唱 的// 是 (什么) [歌]?

---

9) 주어부가 주술구인 경우.

2. 술어

중국어에서 일반적으로 술어가 될 수 있는 품사로는 동사와 형용사 그리고 명사 · 대체사가 있다. 술어가 형용사나 명사인 경우 목적어를 취할 수 없으므로 형식이 술어가 동사인 경우에 비해 비교적 간단하다.

2.1 술어가 명사나 대체사인 경우

명사가 술어로 사용되는 경우는 주로 「출신」「시간」 등과 관련된 경우에 국한 된다.

① 你/ {这 几 天} 怎么样? (대체사)
nǐ(너) zhè(이) jǐ(몇) tiān(~날) zěnmeyàng(어때)
너 요즘 어때?

② 他/ (北京) 人。[1] (명사)

tā(그) Běijīngrén(북경 사람)

그는 북경 사람이다.

③ 现在/ (五点) 钟。(수량사+명사)

xiànzài(지금) zhōng(명시, 시간)

지금은 5시이다.

④ 前天/ {已经} 夏至 了。(명사)

qiántiān(그저께) yǐjīng(이미) xiàzhì(하지) le(완료 어기)

그저께가 벌써 하지이다.

명사는 일반적으로 부사의 수식을 받지 못한다. 「已经~了」의 경우는 「已经」이 「~了」전체 술어에 걸리는 부사어로 볼 수 있을 것이다. 부정부사 「不」가 올 때는 「不」가 명사 앞에 올 수 없기 때문에 판단동사 「是」가 있어야 하며, 이 경우 술어가 「是」가 되고, 명사는 술어 「是」의 목적어로 바뀐다.

⑤ 他/ {不} 是 (北京) [人]。

그는 북경 사람이 아니다.

⑥ 现在/ {不} 是 (五点) [钟]。

지금은 5시가 아니다.

1) 他/ 是 (北京)[人]。은 동사술어문이다.

연습문제

다음 문장을 중국어로 작문하시오.

① 나는 한국인이다.

② 그 여자는 스무 살이다.

tā(그녀) suì(양사:~살)

③ 오늘은 월요일이다.

jīntiān(오늘) xīngqī(요일) yī(하나) xīngqī yī(월요일)

④ 오월 초닷세는 단오절이다.

wǔ yuè(5월) chūwǔ(초닷세) duānwǔ jié(단오절)

---

① 답 我/ (韩国)人。혹은 我/ 是 (韩国)[人]。
② 답 她/ 二十岁。
③ 답 今天/ 星期 一。혹은 今天/ 是 [星期 一]。
④ 답 五 月 初五/ 端午节。혹은 五 月 初五/ 是 [端午节]。

2.2 술어가 형용사나 상태사인 경우

형용사의 주요 기능은 관형어와 술어이다. 일반적으로 단음절 형용사는 단독으로 술어가 되면 문장이 완결되지 못한다. 그 경우 대개 정도부사 「很」과 함께 사용되는데 이 경우 「很」은 의미가 별로 없다. 예문①과 ④처럼 두 사실을 비교하는 대비문이나 비교문일 경우에만 단음절 형용사가 술어가 될 수 있다. 예문 ②와 ③은 술어인 형용사 앞에 부사어가 있는 경우이다. 가장 일반적인 경우라고 할 수 있다. 예문 ⑥은 정도보어로 「很」만 있는 정도보어문인데, 이 경우 「很」은 「好」의 정도가 아주 높음을 나타낸다.

① (男) 学生/ 多, (女) 学生/ 少。 (형용사)
nán(남자인) xuésheng(학생) duō(많다) nǚ(여자인) shǎo(적다)
남학생은 많은데, 여학생은 적다.

② 民雅/ {很} 漂亮。 (부사+형용사)
Mínyǎ(人名) hěn(아주) piàoliang(예쁘다)
민아는 (아주) 예쁘다.

③ (这 个) 东西/ {很} {不} 好。 (부사+형용사)
zhè(이) ge(~것) dōngxi(물건) hěn(아주) bù(否定) hǎo(좋다)
이 물건은 (아주) 좋지 않다.

④ 他/ {比 我} 矮。

tā(그) bǐ(~에 비해) wǒ(나) ǎi(키가 작다)

그는 나보다 키가 작다.

⑤ 他/ {比 我} 矮<一 厘米>。☞150쪽 비교수량보어

límǐ(센티미터cm=公分gōngfēn)

그는 나보다 키가 일 센티미터 작다.

⑥ (这 个) 东西/ 好 得<很>。(형용사 得 정도보어)

dōngxi(물건) hǎo(좋다)

이 물건은 아주 좋다.

상태사란 사물의 상태를 나타내는 단어부류로 「好好」나 「高高兴兴」과 같이 형용사가 중첩되었거나 「红通通」과 같이 부가성분이 붙어 이루어진 단어 그리고 「冰凉(얼음같이 차다)」「雪白(눈처럼 희다)」「笔直(붓처럼 곧다)」와 같이 「사물+비유어」구조인 단어[2]를 주로 말한다.

형용사나 상태사의 공통된 특성은 목적어를 가질 수 없고, 일반적으로 동태조사 「了 · 着 · 过」를 동반하지 않는다. 서로 다른 특성은 형용사는 부정부사 「不」나 정도부사 「很」의 수식을 받을 수 있고 보어를 취할 수 있지만, 상태사에는 이러한 기능이 없다. 그렇기 때문에 형용사의 대표적인 기능이 미약한 이 부류의 단어를 상태사로 따로 구분할 필요가 있는 것이다.

상태사는 이전까지 「형용사 중첩」으로 다루어져 왔다. 중첩이

---

2) 이음절 형용사는 대개 「高高兴兴」과 같이 중첩형태가 「AABB」이나, 「冰凉」의 경우 중첩형태가 「冰凉冰凉」으로 동사와 같이 「ABAB」형 중첩이다.

형태상으로도 쉽게 눈에 띄기 때문에 8.2「중첩」에서 동사중첩과 함께 다시 살펴보기로 한다. 2음절 형용사가 중첩되어 상태사가 될 때 제2음절은 경성으로 발음된다.

⑦ 眼睛/ 大大 的。

yǎnjing(눈)

눈이 아주 크다.

⑧ (她 穿 的) 衣服/ 漂漂亮亮 的。

chuān(입다), piàoliàng(아름답다)

그녀가 입고 있는 옷은 아주 아름답다.

⑨ 他/ {在 学校} 老老实实, {认真} 读 [书]。

lǎoshi(성실하다), rènzhēn(열심이다), dú/shū(책을 읽다)

그는 학교에서 아주 성실하고 열심히 공부한다.

⑩ {晚上} 教室 里/ 安安静静 的。

wǎnshàng(저녁), jiàoshì(교실) ānjìng(조용하다)

저녁에 교실 안은 아주 조용하다.

⑪ (他的) 手/ 冰凉冰凉 的。

shuǒ(손) bīngliáng(얼음처럼 차다)

그의 손은 얼음처럼 아주 차다.

연습문제

다음 문장을 중국어로 작문하시오.

① 날씨가 좋다.

tiānqì(날씨) hěn(아주) hǎo(좋다)

② 이 옷은 깨끗하다.

zhè(이) jiàn(~벌) yīfu(옷) hěn(아주) gānjìng(깨끗하다)

③ 소리가 너무 크다.

shēngyīn(소리) tài(너무) dà(크다)

④ 오늘은 날씨가 춥다.

jīntiān(오늘) tiānqì(날씨) hěn(아주) lěng(춥다)

---

① 답 (这 件) 衣服/ {很} 十净。
② 답 天气/ {很} 好.
③ 답 声音/ {太} 大。
④ 답 {今天} 天气/ {很} 冷。

⑤ 회의장이 어지럽다.

huìchǎng(회의장) shàng(위) hěn(아주) luàn(무질서하다)

⑥ 그는 남들에게 참 다정다감하다.

tā(그) duì(~에 대해) rén(사람) hěn(아주) rèqíng(다정다감하다·친절하다)

⑦ 그는 일하는 것이 아주 성실하다.

tā(그) zuò(하다) shì(일) hěn(아주) rènzhēn(성실하다·진지하다)

⑧ 이 간호사는 아주 젊었다.

zhè(이) wèi(~분) hùshì(간호사) niánqīng(젊다) de(구조조사) hěn(아주)

---

⑤ 답 会场 上/ {很} 乱。
⑥ 답 他/ {对 人} {很} 热情。
⑦ 답 他/ 做 [事]// {很} 认真。
⑧ 답 (这 位) 护士/ 年轻 得<很>。

⑨ 내가 말한 모든 것은 다 아주 확실하다.

wǒ(나) shuō(말하다) de(구조조사) yīqiè(모든 것) dōu(모두) shíshízàizài(아주 확실하다) shì~de(강조)

⑩ 아주 깨끗한 생활 환경.

shēnghuó(생활, 생활하다) huánjìng(환경)

⑪ 우리 집에는 아주 작은 정원이 하나 있는데, 매일 아주 깨끗하게 청소를 한다.

yuànzi(정원) měitiān(매일) dǎsǎo(청소하다)

---

⑨ 답 (我 说 的) 一切/ {都} **是** 实实在在 **的**。
⑩ 답 (干干净净 的) (生活) 环境
⑪ 답(我)家/有(一个)(小小的)[院子], {每天}打扫得<干干净净>。

2.3 술어가 동사인 경우

중국어 문형 중에서 가장 상용되는 문장이 「주어/{부사어}동사[목적어]」이다. 중국어는 영어와 달리 목적어를 취할 수 있는 타동사도 목적어 없이 사용될 수 있다.

술어가 동사인 경우 그 구성 형식이 비교적 복잡하다. 이 장에서는 목적어를 취하지 않는 자동사[3], 목적어를 하나 혹은 둘 취하는 타동사[4]가 술어가 되는 경우만 다룬다. 목적어로 주로 어구를 취하는 동사[5]는 3장「목적어」에서 설명하고, 동사 자체의 내부 구조가 이미 「동사+목적어」 구조라서 또 목적어를 취할 수 없는 동목이합사[6]는 8장 심화학습에서, 「把자문」·「被자문」·「연동문」·「겸어문」·「존현문」 등 특수문형은 7장에서 설명한다.

① 他/ {明天} {不} 来。
míngtiān(내일) lái(오다)
그는 내일 안 온다.

② 他/ {昨天} {没} 来。
zuótiān(어제) méi(완료부정)
그는 어제 안 왔다.

---

3) 「走」는 「去」와 달리 목적어를 취하지 못한다. 단, 결과보어 「到」를 동반하면 처소명사를 목적어로 취할 수 있다. 또 「死」와 같은 자동사도 존현문에서는 존현목적어를 취할 수 있다. ☞228쪽 존현문 참조.

4) 이중목적어를 취하는 동사에는 「教、送、借、还/ 给、问、回答、请教、告诉」등이 있다. 「/」뒤에 있는 동사는 「동+给」형식으로 사용할 수 없다.

5) 看、说、怕、等、听说、希望、觉得、认为、以为、感到、知道、喜欢、告诉、相信、打算 등

6) 见面、毕业、结婚、帮忙、放假、放心、理发、录音、请假、睡觉、跳舞、听说 등

③ 他/ {已经} 来 了。

yǐjīng(이미)

그는 이미 왔다.

④ 你/ {常常} 去 [那儿] 吗?

chángcháng(늘) qù(가다)

너는 늘 그곳에 가니?

⑤ 我/ {不} {常} 去 [那儿]。

나는 늘 그곳에 가지는 않아.

* 常常은 부정문에서는 不常으로 쓰임.

⑥ 今天/ {不} 是 [星期一]。

jīntiān(오늘) xīngqī(요일)

오늘은 월요일이 아니다.

⑦ 你/ 看 {不} 看 [报]?

kàn(보다) bào(신문)

너 신문 보니?

⑧ 晚饭/ 吃了 {没有}?

wǎnfàn(저녁) chī(먹다)

저녁은 먹었니?

⑨ 我/ {最} 喜欢 [秋天]。

zuì(가장) xǐhuān(좋아하다) qiūtiān(가을)

나는 가을을 가장 좋아한다.

* 喜欢과 같은 심리동사는 最、很 등 정도부사의 수식을 받을 수 있다.

⑩ 他/ 教 [我们] [汉语]。(이중목적어)

jiāo(가르치다) Hànyǔ(중국어)

그는 우리들에게 중국어를 가르친다.

⑪ 他/ 送 [你] (这 本) [书]。(이중목적어)

sòng(보내다, 선물하다) shū(책)

그는 네게 이 책을 선물했다.

⑫ {再} 给 [我] (一 张) [纸]。(이중목적어)

zài(다시) gěi(주다) zhāng(~장) zhǐ(종이)

나에게 종이 한 장 더 주세요.

⑬ 我/ 问 [他] (两 个) [问题]。(이중목적어)

wèn(묻다) liǎng(둘) wèntí(문제)

나는 그에게 두 가지 문제를 물었다.

연습문제

다음 문장을 중국어로 작문하시오.

① 언제 그곳에 가니?
shénme(어느) shíhòu(때) qù(가다)

② 너는 한자를 쓸 수 있니?
huì(할 수 있다) xiě(쓰다) hànzì(한자)

③ 너는 어디에서 학교로 가려고 하니?
xiǎng(하려하다) cóng(~부터) qù(가다) xuéxiào(학교)

④ 그는 지금 도서관에 있어.
xiànzài(지금) zài(있다) túshūguǎn(도서관)

---

① 답 {什么 时候} 去 [那儿]?
② 답 你/ {会} 写 [汉字] 吗?
③ 답 你/ {想} {从 哪儿} 去 [学校]?
④ 답 他/ {现在} 在 [图书馆]

⑤ 아직 밥을 먹지 않았어.

hái(아직) chī(먹다) fàn(밥)

⑥ 그는 내게 꽃 한 송이를 선물했다.

sòng(보내다, 선물하다) duǒ(~송이) huā(꽃)

⑦ 너는 어떤 옷을 제일 좋아하니?

zuì(가장) xǐhuān(좋아하다) yīfu(옷)

---

⑤ 답 {还} {没} 吃 [饭]。

⑥ 답 他/ 送 [我] (一朵) [花]。

⑦ 답 你/ {最} 喜欢 (哪件) [衣服]?

2.4 술어가 주술구인 경우

주술구는 「주어+술어」인 어구를 말한다. 주술술어문이란 술어가 주술구인 문형을 말한다.

학자에 따라 이런 주술술어문을 이중주어로도 설명을 하기도 하고, 「주제어+주어+술어부」로 분석하기도 한다. 이 책에서는 모두 주술술어문으로 설명하며, 목적어가 문두로 와서 주제어(화제)가 된 경우 역시 주술술어문으로 분석한다.

① 他// 身体/ 怎么样?
shēntǐ(몸, 건강) zěnmeyàng(어떠하다)
그 사람 건강이 어떤가요?

② 他// 身体/ {不}{太} 好。
tài(너무) hǎo(좋다)
그는 건강이 그리 좋지 않다.

③ 你// 哪儿/ {不} 舒服?
shūfu(편하다)
당신은 어디가 불편하신가요?

④ (那个) 地方// 我/ 去过。
dìfang(곳)
그 곳은 나는 간 적이 있다.

⑤ 我// 钱/ {不} 够 了。
qián(돈) gòu(충분하다)
나는 돈이 모자라.

⑥ 他// 学习 工作/ {都}{很} 不错。

xuéxí(공부, 공부하다) gōngzuò(일, 일하다) dōu(모두) bùcuò(괜찮다)

그는 공부나 일하는 것 모두 잘 한다.

⑦ (红) 队// 速度/ {真} 快!

hóng(붉다) duì(팀) sùdù(속도) zhēn(정말) kuài(빠르다)

홍팀이 속도가 정말 빠르다.

연습문제

다음 문장을 중국어로 작문하시오.

① 요즘 당신 건강은 어떠세요?
zuìjìn(요즘) shēntǐ(몸, 건강) hǎo(좋다)

② 그는 치아가 좋지 못 하다.
yáchǐ(치아)

③ 그 문제는 누구나 다 안다.
wèntí(문제) shéi(누구) dōu(모두) zhīdào(알다)

④ 그 몇 곳은 내가 다 가 보았다.
jǐ(몇) dìfang(곳, 장소)

---

① 답 {最近} 你// 身体/ 好 吗?
② 답 他// 牙齿/ {不} 好.
③ 답 (那个) 问题// 谁/ {都} 知道。
④ 답 (那儿个) 地方// 我/ {都} 去 过。

⑤ 난 아무 것도 모른다.

shénme(어떤 것)

⑥ 그 물건 너 필요하니?

dōngxi(물건) yào(필요로 하다)

⑦ 어느 팀이 성적이 가장 좋은가?

duì(팀) chéngjī(성적) zuì(가장)

---

⑤ 답 我// 什么/ {都} {不} 知道。
⑥ 답 (那个) 东西// 你/ 要 吗?
⑦ 답 (哪个) 队// 成绩/ {最} 好?

3. 목적어

목적어는 일반적으로 동사 뒤에 오는 성분이다. 대체적으로 동사와 어울리는 목적어가 정해져 있다. 가령 '먹다'라는 동사는 주로 '음식'이 목적어로 오며, '갚다'라는 동사는 '돈,빚, 은혜, 원수 등'이 목적어로 오는 것과 같다. 따라서 동사를 외울 때는 주로 동반하는 목적어를 알아두는 것이 필요하다.

목적어로 쓰일 수 있는 것에는 한 단어에서 주술구에 이르기까지 다양하다. 목적어로 주로 명사(구) · 대체사 · 「的」명사구 · 수량사구 · 주술구 등이다. 동사(구) · 형용사(구) · 전치사구도 목적어로 쓰일 수 있다. 특히 동사성 목적어나 주술구를 목적어로 취하는 동사[1]는 제한적이기 때문에 따로 외워두어야 한다.

3.1 목적어가 명사성 단어나 的명사구인 경우

목적어로 대개 명사성 단어 즉 명사, 대체사가 온다. 的명사구

1) 看, 说, 怕, 等, 听说, 希望, 觉得, 认为, 以为, 感到, 知道, 喜欢, 告诉, 相信, 打算 등

가 목적어로 오는 경우, 술어가 是일 때 「是…的문」과 혼동할 수 있다. ☞ 236쪽 「是…的문」참조.

① 我/ 学习 [汉语], 你/ 学习 [什么]?
xuéxí(공부하다) hànyǔ(중국어) shénme(무엇)
나는 중국어를 공부하는데, 너는 무엇을 공부하느냐?

② 你/ {想} 买 (那 件) [牛仔裤] 吗?
xiǎng(~하려 하다) mǎi(사다) niúzǎikù(청바지)
당신은 저 청바지를 사려 하나요?

③ 我/ {不} 反对 [你]。
fǎnduì(반대하다)
나는 너를 반대하지 않아.

④ {得} 买 (多少 钱 的) [邮票]?
děi(해야 된다) mǎi(사다) duōshao(얼마)
qián(돈) yóupiào(우표)
얼마 어치의 우표를 사야 하나요?

⑤ 老大/ 上 [大学], 老二/ 进 [高中]。
lǎodà(장남 · 장녀) shàng(가다) dàxué(대학) lǎoèr(둘째 아이)
jìn(들어가다) gāozhōng(고등학교)
첫째는 대학에 갔고 둘째는 고등학교에 진학했다.

⑥ 哥哥/ 去 [学校], 弟弟/ 在 [家]。

gēge(형) xuéxiào(학교) dìdi(남동생) zài(있다) jiā(집)
형은 학교에 갔고, 동생은 집에 있다.

⑦ 我/ 是 [老师], 你们/ 是 [学生]。
shì(~이다) lǎoshī(선생님) xuésheng(학생)
나는 선생님이고 너희들은 학생이다.

⑧ (这 本) 词典/ 是 [谁 的]?
cídiǎn(사전)
이 사전은 누구의 것이냐?

⑨ (这) 房子/ 是 [木头 的]。
fángzi(집) mùtou(나무토막)
이 집은 나무로 된 집이다.

⑩ 这/ {不} 是 [很 简单 的]。
jiǎndān(간단하다)
이것은 그리 간단한 게 아니다.

⑪ 他们/ 有 (不同 的) [意见]// 是 [当然 的]。
yìjiàn(의견) dāngrán(당연한)
그들이 다른 의견을 가지고 있는 것은 당연한 것이다.

⑫ (这些) 问题/ 是 [很 难 的], (那些) 问题/ 是 [不 太 难 的]。
xiē(약간의) wèntí(문제) nán(어렵다)
이 문제들은 어렵지만, 저 문제들은 그리 어려운 것은 아니다.

연습문제

다음 문장을 중국어로 작문하시오.

① 그는 내게 전화를 한 통 걸었다.
gěi(~에게) dǎ(걸다) diànhuà(전화)

② 그는 아버지에게 편지를 한 통 썼다.
gěi(~에게) bàba(아버지) xiě(쓰다) fēng(~통) xìn(편지)

③ 이것은 무엇이라고 하니?
jiào(~라고 부르다) shénme(무엇)

④ 누군가 너를 부르고 있다.
shéi(누구) zài(부~하는 중이다) jiào(~라고 부르다)

---

① 답 他/ {给 我} 打 了 (一个) [电话]。
② 답 他/ {给 爸爸} 写 了 (一封) [信]。
③ 답 这/ 叫 [什么]?
④ 답 谁/ {在} 叫 [你]。

⑤ 그 두 사전은 난 이미 빌렸다.

cídiǎn(사전) yǐjīng(이미) jiè(빌리다)

⑥ 난 이미 차를 한 잔 마셨다.

hē(마시다) bēi(~잔) chá(차)

⑦ 나는 이런 사람을 제일 미워한다.

zuì(가장) hèn(미워하다) zhǒng(~종류의) rén(사람)

⑧ 우리는 바로 이 문제를 연구하겠다.

mǎshàng(곧 바로) yánjiū(연구하다) wèntí(문제)

---

⑤ 답 (那 两 本) 词典// 我/ {已经} 借 了。
⑥ 답 我/ {已经} 喝 了 (一 杯) [茶] 了。
⑦ 답 我/ {最} 恨 (这 种) [人]。
⑧ 답 我们/ {马上} 研究 (这个) [问题]。

3.2 이중 목적어

이중 목적어는 일반적으로 간접목적어와 직접목적어가 동시에 오는 것을 말한다.

① 我/ 给 过 [他] (两 张) (电影) [票]。
gěi(주다) zhāng(~장) diànyǐng(영화) piào(표)
나는 그에게 영화표 두 장을 준 적이 있다.

② (李) 老师/ 教 [我们] (汉语) [语法]。
Lǐ(성) lǎoshī(선생님) jiāo(가르치다) yǔfǎ(어법)
이 선생님이 우리에게 중국어 어법을 가르치신다.

③ 老师/ 问 [我] (很 多) [问题]。
lǎoshī(선생님) wèn(묻다) wèntí(문제)
선생님이 나에게 많은 문제를 물으셨다.

이중목적어를 취할 수 있는 동사 중에서 간접목적어나 직접목적어 중 어느 하나만 필요할 때, 대개의 경우 자유스럽게 어느 하나의 목적어를 취할 수 있다. 단, 동사에 따라 간접목적어는 반드시 있어야 하는 동사, 직접목적어는 반드시 있어야 하는 동사가 있다. 이러한 통사정보는 대개 사전에 잘 설명되어 있다.

④ 他/ {昨天} {才} 告诉 [我] (那 件) [事]。
zuótiān(어제) cái(비로서) gàosu(알려주다) shì(일)
그는 어제서야 비로소 그 일을 나에게 알려 주었다.

⑤ (那 件) 事// 他/ {已经} 告诉 [我] 了。
그 일은 그가 이미 내게 알려주었다.

⑥ *告诉 (那 件) [事]。*는 非文 표시.

⑦ 我/ 求 [您] (一件) [事]。
qiú(간절히 바라다, 빌다)
나는 당신에게 부탁할 게 하나 있습니다.

⑧ 我/ 求 [您]。
당신에게 간절히 부탁 드립니다.

⑨ *我/ 求 (一件) [事]。 *는 비문 표시.

⑩ 他/ 借 了 [你] (一本) [词典]。
jiè(빌리다) cídiǎn(사전)
그는 네게 사전을 한 권 빌렸다.

⑪ 他/ 借 了 (一本) [词典]。
그는 사전을 한 권 빌렸다.

⑫ *他/ 借 了 [你]。 *는 비문 표시.

연습문제

다음 문장을 중국어로 작문하시오.

① 나에게 중국어를 좀 가르쳐다오.
jiāo(가르치다)

② 그는 너에게 사전 몇 권을 빌렸니?
jiè(빌리다) cídiǎn(사전)

③ 빨리 그에게 그 옷을 주어라.
kuài(빠르다) gěi(주다)

---

① 답 教 教 [我] [汉语]。
② 답 他/ 借 了 [你] (几 本) [词典]?
③ 답 {快} 给 [他] (那件) [衣服]。

④ 모두들 그를 큰형이라고 부른다.

dàjia(모두) jiào(~라고 부르다) dàgē(큰형님, 두목)

⑤ 그에게 오늘 밤 8시에 회의를 한다고 알려다오.

gàosu(알리다) jīnwǎn(오늘밤) diǎn(시) kāi
huì(회의를 열다)

---

④ 답 大家/ 叫 [他] [大哥]。

⑤ 답 告诉 [他] 【{今晚} {8 点} 开 [会]】。

3.3 목적어가 동사성 단어(어구)나 주술구인 경우

동사에 따라 목적어를 주로 동사성 단어(어구)나 주술구를 취하는 동사들이 있다. 특히 「进行」, 「受到」, 「加以」등 단어는 목적어로 반드시 2음절 동사를 동반해야 하는 등 동사에 따라 특성이 다르다. 이들이 목적어로 쓰일 때 영어와는 달리 형태상 아무런 변화가 없다.

① 你/ 觉得【{不}{会} 下 [雨]】吗?
juéde(라고 생각하다) xià yǔ(비가 오다)
네 생각에는 비가 오지 않을 것 같니?
* 觉得는 认为보다 어감이 가벼움.

② 我/ 觉得 【(他的) 话/ {很} 有 [道理]】。
huà(말) dàolǐ(도리, 이치)
내 생각에는 그의 말이 일리가 있어.

③ 大家/ 认为 [应该选他]。
rènwéi(~라고 여기다) xuǎn(선출하다)
모두들 그를 뽑아야 한다고 여긴다.

④ 我/ 认为 【他/ {最} 聪明】。
zuì(가장) cōngmíng(똑똑하다)
나는 그가 가장 똑똑하다고 생각한다.

⑤ 我/ 以为 【有 [人]/ 敲 [门]】, {其实} {不} 是。
yǐwéi(~라고 여기다) qiāo(두드리다) mén(문) qíshí(사실)
난 어떤 사람이 문을 두드렸다고 생각했는데, 사실은 아니었다.

⑥ 菜/ {都} 摆<好>了，准备 [吃 饭] 吧！

càì(음식) bǎi(차리다) zhǔnbèi(~하려 하다)

음식이 다 차려졌다. 밥 먹자.

⑦ 飞机/ {就}{要} 起飞 了，准备 [上 飞机] 吧！

fēijī(비행기) jiù(곧) yào…le(막 …하려 하다)

qǐfēi(이륙하다) zhǔnbèi(~하려 하다) shàng(오르다)

비행기가 막 이륙하려고 합니다. 탑승하도록 합시다.

⑧ 希望 【你们/ 有 [机会] {再} 来】。

xīwàng(바라다) jīhuì(기회) zài(다시)

너희가 다시 올 기회가 있기를 바란다.

⑨ 喜欢 [看 足球] 吗?

zúqiú(축구)

축구(경기) 보는 것을 좋아하니?

⑩ {应该} 注意 (些[2]) [什么]?

yīnggāi(마땅히, ~해야 하다) zhùyì(유념하다)

무엇 무엇을 조심해야 하나요?

⑪ 那/ {还} 用 [说]。

yòng(필요하다) shuō(말하다)

그것은 더 말할 필요가 있나요.

---

2) '这 ·个'의 대체사+수량사 구조의 수사 一나, 一些, 一点 등 수량사구의 수사 一는 생략할 수 있다.

⑫ 我/ 相信, 【咱们/ {以后} {能} 见 [面] 的】。
xiāngxìn(믿다) zánmen(우리) yǐhòu(이후)
néng(할 수 있다) jiàn miàn(만나다)
de(화자의 확신을 나타내는 어기조사)
나는 우리가 나중에 (꼭) 다시 만날 수 있다고 믿는다.

⑬ {什么 时候} 开始 [不 舒服] 的?
shíhòu(때) kāishǐ(시작하다) shūfu(편안하다)
언제 불편하기 시작했니?
* ☞236쪽 是…的구문 참조

⑭ (他 这种 认真 学习 的) 精神/ 值得 【我们/ 学习】。
zhǒng(~종류의) rènzhēn(열심이다) jīngshén(정신)
zhíde(할 가치가 있다)
열심히 공부하는 그의 이런 정신은 우리가 배울 만하다.

연습문제

다음 문장을 중국어로 작문하시오.

참조 우선 문형을 정하고, 주어-술어-목적어 등 주요 문장성분에 해당하는 어휘를 선택한다. 특히 술어가 동사인 경우 동사의 특징을 살려서 작문한다.

① 나는 그를 찾아서 좀 이야기해 볼 계획이다.
zhǔnbèi(~하려 하다) zhǎo(찾다) tán(이야기를 나누다)

② 비록 나 자신이 그다지 테니스를 못 쳐도 보는 것은 좋아한다.
suīrán…dànshì~(비록…이더라도~) zìjǐ(자신)
wǎngqiú(테니스) xǐhuān(좋아하다)

③ 그는 나에게 어떻게 테니스 치는 지를 알려주었다.
jièshào(알려주다) rúhé(어떻게) wǎngqiú(테니스)

---

① 답 我/ 准备【找[他] 谈{一}谈】。
② 답 虽然 我/ {自己}{不}{怎么}{会} 打 [网球], 但是 {很} 喜欢[看]
③ 답 他 {给 我} 介绍 [如何 打 网球]。

④ 이 선생님은 교정 안에서 산책하길 좋아하신다.

xǐhuān(좋아하다) zài(~에서) xiàoyuán(교정)
sàn bù(동목이합사: 산책하다)

⑤ 나는 그가 오늘 돌아온다고 알고 있다.

zhīdɑo(알다) jīntiān(오늘) huí(돌다) lái(오다)

⑥ 모두가 다함께 그의 의견이 (확실히) 옳다고 생각한다.

rènwéi(~라고 여기다) yìjiàn(의견) duì(옳다)

⑦ 나는 무슨 영화를 볼까 생각 중이다.

xiǎng(생각하다) diànyǐng(영화)

---

④ 답 (李) 老师/ 喜欢 【{在 校园 里} 散 [步]】。
⑤ 답 我/ 知道 【他/ {今天} 回<来>】。
⑥ 답 大家/ {都} 认为 【(他的) 意见/ 是 对 的】。
⑦ 답 我/ {在} 想【看 (什么) [电影]】。

⑧ 이 문제는 어떻게 해야 하는지 당신이 한번 생각해 보세요.

dào(문제를 세는 양사) tí(문제) yīnggāi(해야한다)

zěnyàng(어떻게) zuò(하다)

⑨ 나는 초등학생도 그 영화를 봐도 된다고 주장한다.

zhǔzhāng(주장하다) xiǎoxuéshēng(초등학생)

kěyǐ(할 수 있다) diànyǐng(영화)

* 主张은 일반적으로 긍정 목적절을 동반한다.

⑩ 우리 무엇을 먹을 건 지 먼저 토론합시다.

xiān(먼저) tǎolùn(토론하다)

⑪ 모두들 이 방안이 아주 괜찮다고 느꼈다.

dàjiā(모두) gǎndào(느끼다) fāng'àn(방안) bùcuò(좋다)

---

⑧ 답 你/ 想<一下> 【(这 道) 题/ {应该} {怎样} 做】。

⑨ 답 我/ 主张【小学生/ {也}{可以} 看 (那个) [电影]】。

⑩ 답 我们/ {先} 讨论 [吃 什么]。

⑪ 답 大家/ 感到, 【(这个) 方案/ {很} 不错】。

3.4 형용사(구)가 목적어가 되는 경우

드물지만 형용사(구)를 목적어로 취하는 경우가 있다.

① 我/ 认为 [对], 他/ 认为 [不对]。
rènwéi(~라고 여기다)
나는 옳다고 생각하지만 그는 옳지 않다고 여긴다.

② 他/ {从来} {不} 怕 [麻烦]。
cónglái(여태) pà(두려워하다) máfan(번거롭다)
그는 여태껏 한번도 번거로움을 개의치 않았다.

③ (这 篇) 文章//大家/ {都} 认为 [很好]。
piān(~편) wénzhāng(글) rènwéi(~라고 여기다)
이 글은 모두가 아주 좋다고 생각한다.

④ 身上/ {**连** 一点儿 劲儿} {**都**} 没有, {老} 觉得 [冷]。
shēn(몸) lián(~조차) jìnr(힘) lǎo(늘) juéde(느끼다) lěng(춥다)
몸에 조그만 힘조차 없고 계속 춥게 느껴진다.

⑤ 我/ {也} 感到 [很 高兴] 啊！
gǎndào(느끼다) gāoxìng(기쁘다)
나도 아주 기쁘게 생각한다.

4. 관형어

관형어는 중심어 앞에서 중심어를 수식 또는 제한하는 문장 성분이다. 「(그) 사람」「(아름다운) 사람」「(어제 보았던) 사람」 등에서 괄호 안에 있는 성분이 관형어이다. 중국어의 관형어는 조사 的를 동반하는 경우와 동반하지 않는 경우로 나눌 수 있다.

4.1 일반적으로 「的」를 동반하지 않는 관형어

1) 구별사나 단음절 형용사

구별사는 우리말의 「새」, 「헌」등의 관형사와 같이 술어로 쓰이지 않고 주로 관형어로 쓰이는 단어[1]를 말한다. 이 구별사를 「비술어 형용사」로 구분하기도 한다.

① 我们/ {都} 欢迎 (新) [同学]。

1) 男nán, 女nǚ, 雌cí, 雄xióng, 当然dāngrán, 个别gèbié, 暂时zànshí, 共同gòngtóng, 大型dàxíng, 小型xiǎoxíng

huānyíng(환영하다) xīn(새) tóngxué(학우)
우리 모두 새 학우를 환영한다.

② (男) 学生/ 多, (女) 学生/ 少。
nán(남자의) duō(많다) nǚ(여자의) shǎo(적다)
남학생은 많은데, 여학생은 적다.

③ 那/ 是 (雌) [老虎]。
cí(암컷의) lǎohǔ(호랑이)
저것은 암호랑이이다.

④ 我们/ {都} 是 (好) [朋友]。(1음절 형용사)
우리는 모두 좋은 친구이다.

2음절 구별사의 경우 的를 붙이기도 한다.

⑤ 这/ 是 (我们) (共同 的) [目标]。
gòngtóng(공동의) mùbiāo(목표)
이것이 우리의 공동 목표이다.

2) 제한성 수량사구

수량사구는 대부분 제한적이다. 명사는 지시대체사 의문대체사나 수사의 수식을 받는 경우 반드시 양사를 동반해야 하다. 이 경우 「(지시, 의문대체사)+수사+양사」의 형태로 직접 명사를 수식한다.

⑥ 他/ {昨天} 买 了 (这 两 件) [衣服]。

zuótiān(어제) mǎi(사다) yīfu(옷)

그는 어제 이 옷 두 벌을 샀다.

⑦ (哪 一 座) 大楼/ 是 (留学生)[宿舍]?

zuò(양사) dàlóu(빌딩) liúxuéshēng(유학생) sùshè(숙소)

어느 건물이 유학생 숙소입니까?

3) 대체사

인칭대체사가 소유 관계를 나타내는 관형어로 쓰일 때는 일반적으로 「的」를 붙인다. 단 「친족·관련 기관」 등의 관형어가 될 때는 「的」을 붙이지 않아도 된다. 지시대체사나 의문대체사 혹은 이것들과 수량사구와 결합하여 제한성 관형어로 쓰일 때는 「的」를 붙이지 않는다.(제한성 수량사구 예문⑥⑦ 참조) 단, 这样, 那样, 谁, 怎么样, 什么样 등은 「的」를 붙여야 한다.

⑧ (我 的) 书 (인칭대체사)

나의 책

⑨ (我) 妈妈 (인칭대체사+친족)

나의 엄마

⑩ (我) 学校 (인칭대체사+기관)

나의 학교

⑪ 这/ 是 (谁 的) [书]? (소유 표시)

이것은 누구의 책인가?

⑫ (这样 的) 房子 (묘사성 관형사)
이러한 집

4) **관형어와 중심어의 관계가 고정적인 경우**

명사 관형어가 원료, 직업 등 묘사 기능을 가질 때, 「형용사+명사」구조가 한 단어처럼 굳어진 경우2), 관형어가 중심어와 결합하여 명칭, 호칭 등을 나타낼 때 的를 붙이지 않는다.

⑬ 我们/ {都} {很} 喜欢 (我们 的) (汉语)[老师]。(직업)
우리는 모두 우리들의 중국어 선생님을 아주 좋아한다.

⑭ 这/ 是 (件) (正经)[事]。(굳어진 구조)
jiàn(~건) zhèngjing(정당한) shì(일)*수사 一생략
이것은 정당한 일이다.

⑮ (中国)大使馆/ {怎么} 走? (명칭)
dàshǐguǎn(대사관)
중국대사관은 어떻게 갑니까?

⑯ (那 家 的) (烤)白薯/ {很} 好吃。(호칭)
kǎo(굽다) báishǔ(고구마)
저 집의 군 고구마가 맛있다.

⑰ (开会)时间/ 是 [从 几点 到 几点]? (2음절 동사)
kāi huì(개회하다) shíjiān(시간)
개회 시간은 몇 시에서 몇 시까지이냐?

---

2) 老实人(성실한 사람), 先进单位(선진적인 부서), 伟大胜利(위대한 승리)

연습문제

다음 문장을 중국어로 작문하시오.

① 이런 종류의 엽서는 그다지 보기 좋지 않구나.

zhǒng(~종류의) míngxìnpiàn(엽서)

② 이 농구 대표팀이 이겼다.

lánqiú(농구) dàibiǎo(대표) duì(팀) yíng(이기다)

③ 오늘의 최저 기온은 섭씨 영하 3도이다.

zuìdī(최저) qìwēn(기온) língxià(영하) shèshì(섭씨) dù(도)

④ 내가 너에게 좋은 소식 하나 알려줄게.

gàosu(알려주다) xiāoxi(소식)

---

① 답 (这种) 明信片/ {不}{怎么} 好看。
② 답 (这个)(篮球)(代表)队/ 赢 了。
③ 답 (今天)(最低)气温/ 零下 三 摄氏 度。
④ 답 我/ 告诉 [你] (一个) (好) [消息]。

⑤ 그는 어느 날 중국 서점에 가니?
shūdiàn(서점)

⑥ 그는 태국 친구에게 편지를 한 통 썼다.
Tàiguó(태국) péngyou(친구) xiě(쓰다) fēng(~통) xìn(편지)

⑦ 그는 우리 학교의 남학생이다.

⑧ 이 소형 텔레비전은 정말 귀엽다.
xiǎoxíng(소형의) diànshì(TV) zhēn(정말) kě'ài(귀엽다)

---

⑤ 답 他/ {哪天} 去 (中国)[书店]?
⑥ 답 他/ {给 泰国 朋友} 写 了 (一 封) [信]。
⑦ 답 他/ 是 (我们) (学校 的) (男)[学生]。
⑧ 답 (这个) (小型) 电视/ {真} 可爱。

4.2 「的」를 동반하는 관형어

1) 상태사나 2음절 형용사 및 형용사구

① (鼓鼓囊囊 的) 口袋 里/ 装 着 [什么]? (상태사)
gǔgunāngnāng(아주 불룩한) kǒudài(주머니) zhuāng(담다)
불룩한 주머니에 무엇이 담겨 있느냐?

② 我们/ {一般} 喜欢【吃 (清淡 的) [菜]】。(2음절 형용사)
yībān(일반적으로) qīngdàn(담백하다) cài(음식)
우리는 보통 기름기가 적은 음식을 즐겨 먹는다.

③ 收<到> 了 (这样 好 的) [成果]。 (형용사구)
shōu(거두다) dào(결과보어) chéngguǒ(성과)
이렇게 좋은 성과를 거두었다.

단, 「很多」「好多」「许多」는 습관적으로 的 없이 관형어로 쓰인다.

④ 他/ 去过 (很多)[地方]。
그는 많은 곳을 가본 적이 있다.

2) 동사(구)나 주술구

⑤ 这 是 (发表 过 的) [文章]。 (동사)
fābiǎo(발표하다) wénzhāng(글)
이것은 발표한 적이 있는 글이다.

⑥ (这种)(认真 学习的)精神/ 值得【我们/学习】。(동사구)

rènzhēn(열심히) jīngshén(정신) zhíde(~할 가치가 있다)

열심히 공부하는 이런 정신은 우리가 배울 가치가 있다.

⑦ (他)((在 [北京] 的))儿子/ {多}大 了? (동사구)

북경에 있는 그의 아들은 나이가 얼마나 되었지?[3)]

⑧ (你 昨天 唱 的) 歌/ 是 [什么]? (주술구)

chàng gē(노래를 부르다)

네가 어제 부른 노래는 무엇이냐?

⑨ (那 两 栋) 楼/ 是 (留学生 住 的) [地方]。(주술구)

dòng(양사) lóu(건물) liúxuéshēng(유학생) zhù(거주하다)

저 두 건물은 유학생이 거주하는 곳이다.

3) 명사 (단, 묘사성 명사 관형어[4)] 제외)

⑩ (桌子 的) 颜色/ {很} 漂亮。

zhuōzi(탁자) yánsè(색깔) piàoliang(아름답다)

탁자의 색깔이 예쁘다.

⑪ (今天 的) 天气/ {特别} 好。

tiānqì(날씨) tèbié(특별히)

오늘 날씨는 유달리 좋다.

---

3) 국어 관형어의 어순은 일반적으로 지시 관형어>수 관형어>성상 관형어 순이다. 중국어 관형어 어순과 국어 관형어 어순이 부분적으로 차이가 나기 때문에 해석할 때 유의해야 한다.

4) 명사가 관형어로서 직업, 원료, 재질 등을 묘사하는 경우. 예를 들면 体育老师(체육선생님), 狐狸尾巴(여우꼬리) 등

⑫ 我/ 揪<住>了 (狐狸 的)[尾巴]。
jiū(꽉 거머잡다) zhù(결과보어) húlí(여우) wěiba(꼬리)
나는 여우의 꼬리를 꽉 거머잡았다.

4) 일부 대체사와 묘사성 수량사구

대체사는 일반적으로 「的」없이 관형어로 쓰여지지만, 这样, 那样, 谁, 怎么样, 什么样 등은 的를 써야 한다. 또 수량사구가 묘사적으로 쓰일 때 역시 的를 써야 한다.

⑬ {还} 有 (这样 的) [人] 哪?
hái(아직, 그래도) zhèyàng(이러한) na(-n+啊:어기조사)
아직도 이런 사람이 있어?

⑭ 韩国/ 需要 (什么样 的) [人]?
xūyào(필요로 하다)
한국은 어떠한 사람을 필요로 하는가?

⑮ 我们/ {应该} 培养 (怎样 的) [人]?
yīnggāi(~해야 한다) péiyǎng(길러내다)
우리는 어떠한 사람을 길러내야 하는가?

⑯ 这/ 是 (谁 的) (笔记本) [电脑]?
bǐjìběn diànnǎo(노트북 컴퓨터)
이것은 누구의 노트북컴퓨터인가요?

⑰ 我/ {已经} 是 (六十 岁 的) [老人] 了。(묘사성 관형어)
suì(~살) lǎorén(노인)
난 이미 예순 살이 된 노인이다.

⑱ 我/ 买了 (两条) (半斤的) [带鱼]。

mǎi(사다) tiáo(~마리) bàn(반) jīn(~근) dàiyú(갈치)

나는 반 근 나가는 갈치 두 마리를 샀다.

* ☞ 78쪽 다항 관형어의 배열순서 참조.

5) 전치사구, 고정어구

⑲ 这/ 是 (关于 二 年级 学生 成绩 的) [报告]。(전치사구)

guānyú(~에 관하여) niánjí(~학년) chéngjī(성적)

bàogào(보고)

이것이 2학년 학생 성적에 관한 보고서이다.

⑳ (川流不息 的) 人群 (고정어구)

chuān liú bù xī(강물처럼 끊임이 이어지다)

rénqún(사람무리)

강물처럼 끊임없이 이어지는 사람 무리

연습문제

다음 문장을 중국어로 작문하시오.

① 이곳의 날씨 변화는 대단히 크다.
tiānqì(날씨) biànhuà(변화) fēicháng(대단히)

② 이것은 유쾌한 일이 결코 아니다.
bìng(결코) yúkuài(유쾌하다) shìqing(일)

③ 이 음식 맛은 저 음식만 못하다.
cài(음식) wèidào(맛) bùrú(동 ~만 못하다)

④ 이번 회의 영화표는 다 팔렸다.
chǎng(~회) diànyǐng(영화) piào(표) mài(팔다)
guāng(다·부어)

---

① 답 (这儿的) (天气) 变化/ {非常} 大。
② 답 这/ {并}{不} 是 (一件) (愉快的) [事情].
③ 답 (这个 菜的) 味道/ 不如 (那个) [菜]。
④ 답 (这场 的) (电影) 票/ {都} 卖<光>了。

⑤ 사 온 물건은 다 어디에 있느냐?

⑥ 그는 오늘 신문을 원한다.

⑦ 그가 말한 이야기는 정말 재미있다.

jiǎng(말하다) gùshì(이야기) zhēn(정말) yìsi(재미)

⑧ 말하는 소리가 너무 낮다.

shuō huà(말하다) shēngyīn(소리) tài(너무) dī(낮다)

⑨ 라디오 소리가 조금 크다.

shōuyīnjī(라디오) shēngyīn(소리) yǒudiǎnr(부 조금)

---

⑤ 답 (买 来 的) 东西/ {都} 在 [哪儿] ?
⑥ 답 他/ 要 (今天 的) [报]。
⑦ 답 (他 讲 的) 故事/ {真} 有 [意思]。
⑧ 답 (说 话 的) 声音/ {太} 低 了。
⑨ 답 (收音机 的) 声音/ {有点儿} 大。

⑩ 내 수중의 인민폐는 (이제) 많지 않다.

shǒu lǐ(수중의) rénmínbì(인민폐)

⑪ 이렇게 좋은 프로그램을 너 안 볼 거야?

jiémù(프로그램)

⑫ 이것은 모두들 공동으로 노력한 결과이다.

dàjiā(모두) gòngtóng(공동으로) nǔlì(노력하다) jiéguǒ(결과)

---

⑩ 답 (我 手 里 的) 人民币/ {不} 多 了。

⑪ 답 (这么 好 的) 节日//, 你/ {不}{想} 看 吗?

⑫ 답 这/ 是 (大家 共同 努力 的) [结果]。

4.3 다항 관형어의 배열순서

관형어에서 우리가 유의해야 될 것은 관형어가 여럿 있을 때 그 관형어들의 순서이다. 왜냐하면 관형어가 두 가지 이상인 경우, 어느 것을 먼저 놓아야 하는 지 잘 모를 경우가 있기 때문이다. 관형어에는 중심어를 장소·소속·시간·범위·지시·수량 등의 측면에서 제한하는 제한성 관형어[5]와 주로 성질·상태·특징·재료·용도 등에 대해서 중심어를 묘사하는 묘사성 관형어[6]로 크게 나눌 수 있는데, 제한성 관형어와 묘사성 관형어는 각각 배열순서가 정해져 있으며, 같이 쓰여질 경우 제한성 관형어 다음에 묘사성 관형어가 온다.

수량사구는 일반적으로 제한성 관형어 중에서 맨 나중에 위치하고, 묘사성 관형어 앞에 온다. 즉 「제한성 관형어+수량사구+묘사성 관형어」라고 할 수 있다.

① (我 的) (那 两 件) 衣服/ 在 [哪儿]?
소속 지시+수량 중심어
나의 그 옷 두 벌은 어디에 있니?

---

5) 제한성 관형어의 배열순서는 대체적으로 다음과 같다.
장소 · 시간〉 소속〉 동사 · 형용사(구) · 전치사구〉 범위(一切 · 任何) · 지시대체사 (这·那)〉 수량사구
(他 刚才 说 的) (关于 我 的) (那 个) 意见/ 是[什么]?
주술구 전치사구 지시수량 중심어
나에 관해서 그가 방금 말한 그 의견은 무엇이냐?

6) 묘사성 관형어의 배열 순서는 다음과 같다.
주술구〉 동사(구) · 전치사구〉 형용사구 · 상태사(+的)〉 형용사구 · 구별사(-的)〉 묘사적인 명사
(那个) (个子 比 一般人 高 些 的) (青年) 工人
주술구 명사 중심어
키가 일반인보다 조금 큰 그 젊은(이) 노동자.

② (那)　(两 三 片)　(洁白的)　云
소속　지시+수량　형용사　중심어
piàn(~조각) jiébái(깨끗한) yún(구름)
그 두 세 조각의 깨끗한 흰구름

③ (看 书 的) (那 两个) (漂亮的)　(女)　学生/　{很}聪明
동사구　지시+수량 형용사　구별사 중심어
cōngmíng(똑똑하다)
책을 보고 있는 저 예쁜 여학생 두 명은 참 똑똑하다.

연습문제

다음 문장을 중국어로 작문하시오.

① 키가 제일 큰 저 남 학생은 이름이 무엇이냐?
gèzi(키) zuì(가장) gāo(높다) míngzì(이름)

② 내가 어제 산 이 빨간 공예품 두 개는 어떠니?
gōngyìpǐn(공예품) hóngsè(빨간색)

③ 우리 할아버지는 빛바랜 사진 한 장을 보고 계시다.
yéye(할아버지) zài(부 ~하는 중이다) tuì sè(퇴색하다)
zhàopiàn(사진)

---

① 답 (那个) (个子 最 高 的) (男) 学生/ 叫 (什么) [名字]?
② 답 (我 昨天 买 的) (这 两 件) (红色 的) 工艺品/ 怎么样？
③ 답 (我)爷爷/ {在} 看 (一张) (退了色的) [照片]。

④ 저 다리가 짧은 플라스틱 탁자 하나는 얼마입니까?

ǎi(키가 작다) tuǐ(다리) sùliào(플라스틱) zhuōzi(탁자)

⑤ 어제 학교 안에서 본 적이 있는 그 모자를 쓴 여학생들이 저기에 있다.

dài(쓰다) màozi(모자)

---

④ 답 (那一张) (矮腿的) (塑料) 桌子/ (多少) 钱?

⑤ 답 (昨天在学校里看过的)(那些)(戴帽子的)(女)学生/ 在[那儿]。

5. 부사어

부사어는 주로 동사 · 형용사 등 용언 앞에서 수식 · 제한하는 성분을 말한다. 일반적인 부사어의 위치는 주어 뒤, 술어 앞이다. 어떤 우리말이 중국어에서 부사어로 쓰이는지 알면 부사어를 쉽게 활용할 수 있다. 중국어 부사어의 종류는 다음과 같다.

(a) 시간 표시 부사어:

今天(jīntiān오늘), 上午(shàngwǔ오전) ▶ 시간표시 명사

已经(yǐjīng이미), 马上(mǎshàng곧) ▶ 부사

从~起(cóng明天qǐ내일부터) ▶ 전치사구

(b) 어기 표시 부사어:

明明(míngmíng분명히), 的确(díquè확실히),

到底(dàodǐ도대체), 当然dāngrán(당연히) ▶ 부사

(c) 의미상 동작자의 상황을 묘사하는 부사어:

高高兴兴地(gāogāoxìngxìng de아주 기쁘게) ▶ 상태사+地

不客气地(bù kèqì de사정 없이) ▶ 형용사구+地
虛心地(xūxīn de겸허하게) ▶ 형용사+地

(d) 목적 · 관련을 나타내는 부사어:
为了~(wèile你 너를 위해서, 너 때문에) ▶ 전치사구
根据~(gēnjù统计 통계에 근거해서) ▶ 전치사구

(e) 장소 · 방향을 나타내는 부사어:
左边, 桌子上 ▶ 장소를 나타내는 명사
在~(~에서), 向~(~로) ▶ 전치사구

(f) 대상 표시 부사어:
对~(duì~에 대해), 给~(gěi~에게), 跟~(gēn~와) ▶ 전치사구

(g) 동작을 묘사하는 부사어:
快快地(kuàikuāi de재빨리) ▶ 상태사+地
仔细(zǐxì자세히) ▶ 형용사
不停地(bùtíng de쉼 없이) ▶ 동사구+地

5.1 「~地」를 동반하는 부사어

일단 구조조사 「地」가 있으면 그 앞 단어(어구)를 부사어로 볼 수 있다. 일반적으로 형용사(구) · 상태사 · 수량사구 · 동사구 · 주술구 · 고정어구는 대개 「地」를 동반한다. 의성사의 경우(특히 이음절 의성사)는 대개 「地」를 동반하지 않지만, 동반할 수도 있다.

① 他/ {虚心地} {向 朋友们} 学习。(형용사)

xūxīn(겸허하게)

그는 겸허하게 친구들에게 배운다.

② 你/ {要} {认真地} 预习 (新) [课], {好好地} 复习 (旧) [课]。(상태사)

rènzhēn(열심히) yùxí(예습하다) xīn(새 것의) kè(단원)

fuxí(복습하다) jiù(옛 것의)

너는 열심히 새 단원을 예습하고, 지난 단원을 잘 복습해야 한다.

③ 大家/ {都} {认真 仔细 地} 研究 了 (这 个) [问题]。(형용사구)

rènzhēn(진지하다) zǐxì(자세하다)

모두들 진지하고 자세하게 이 문제를 연구했다.

④ (全家) 人/ {都}{高高兴兴地}{一起} 吃 [晚饭]。(상태사)

quán(온) jiā(집) yīqǐ(함께)

온 가족이 모두 아주 즐겁게 함께 저녁을 먹었다.

⑤ (对面的) (一个) 姑娘/ {不好意思地} 说: "老师, 您请坐!"(어구)

duìmiàn(맞은편) gūniáng(아가씨)

hǎoyìsi(동 부끄러워 하지 않다. 멋쩍어 하지 않다: 대개 반문, 부정문에 사용됨)

맞은 편의 한 아가씨가 부끄러운 듯이 말했다: "선생님, 당신께서 앉으세요!"

⑥ {一张一张地} 看得<很 仔细>。(수량사구)

zǐxì(자세하다)

한 장 한 장 매우 자세히 본다.

⑦ (那个) 老大爷/ {没} 回答 [我], {很生气地} 走<开>了。(동사구)

lǎodàyé(어르신) huídá(대답하다) shēng qì(화를 내다) zǒu(떠나다) kāi(결과보어)

그 어르신께서는 나에게 대답하지 않고 버럭 화를 내며 가버리셨다.

⑧ 他/ {头 也 不 回 地} 走 了。(주술구)

tóu(머리) huí(돌다) zǒu(떠나다)

그는 고개도 돌리지 않고 가버렸다.

⑨ 他/ {有声有色 地} 讲 了 (自己 的) [经历]。(고정어구)

yǒu shēng yǒu sè(말이나 글이 실감나다) jiǎng(이야기하다) zìjǐ(자신) jīnglì(경력 · 경험)

그는 자기의 경험을 실감나게 얘기했다.

⑩ 斑鸠/ {咕咕 地} 叫 着。 (의성사)

bānjiū(비둘기) gūgū(암탉, 비둘기 울음소리) jiào(울다)

비둘기가 구구구 운다.

⑪ {叭叭} 响 了<两 枪>。 (의성사)

bābā(빵빵) xiǎng(소리나다) qiāng(총)

빵빵 두 발의 총성이 울렸다.

연습문제

다음 문장을 중국어로 작문하시오.

① 모두들 <u>열심히</u> 복습하고 있는 중이다.
rènzhēn(열심히) fùxí(복습하다)

② 너는 <u>천천히</u> 한자 쓰는 것을 공부해야 한다.
mànmān(천천히) xuéxí(공부하다) xiě(쓰다) hànzì(한자)

③ 네 학습방법이 괜찮구나, <u>한 걸음 한 걸음씩</u> 나아가는구나, 나중에 나도 이렇게 공부해야지.
fāngfǎ(방법) bùcuò(괜찮다) yī bù(한 걸음) yǐhòu(이후, 나중)

④ 그는 <u>아주 인정 사정 없이</u> 한 마디 했다.
hěn bù kèqì(인정 사정 없이) shuō(말하다) jù(~마디) huà(말)

---

① 답 大家/{都}{在}{认真地} 复习 呢。
② 답 你/{要}{慢慢地} 学习 [写 汉字].
③ 답 (你的)(学习)方法/{真}不错, {一步一步地} 走, {以后} 我/{也}{这样} 学。
④ 답 他/{很不客气地} 说了 (一句)[话]。

⑤ 그는 <u>신이 나서</u> 이번 여행 계획을 소개했다.

xìngzhì bóbó(신이 나서) jièshào(소개하다)
lǚyóu jìhuà(계획)

⑥ 모두 <u>제 각기 한 마디씩 하느라</u> 말이 끝이 없다.

---

⑤ 답 他/ {兴致 勃勃地} 介绍了 (这次) (旅游的) [计划]。
⑥ 답 大家/ {你一言我一语地} 说<个没完>。

5.2 「~地」를 동반하지 않는 부사어

구조조사 「地」 없이 쓰이는 부사어가 더 많다고 할 수 있다. 일반적으로 부사 · 대체사 · 수량사구 · 시간명사(시간사) · 장소명사(처소사) · 전치사구 · 조동사 등은 「地」 없이 부사어로 사용된다. 의성사는 「地」를 붙여도 되고 안 붙여도 된다.

1) 부사 · 대체사 · 수량사구 · 시간명사 · 장소명사

부정부사 「不」와「没」 등은 8.4 「부정」에서 다룬다.

① 我/ {常常} 打 [网球]。

chángcháng(늘) wǎngqiú(테니스)

나는 테니스를 자주 친다.

② 她/ {很} 漂亮, {也 很} 聪明。

piàoliang(예쁘다) cōngmíng(총명하다)

그녀는 예쁘고, 총명하기도 하다.

③ 他/ {已经} 是 [大学生] 了。

yǐjīng(이미) dàxuéshēng(대학생)

그는 이미 대학생이 되었다.

④ 我/ {已经} 洗 [澡] 了。

xǐ zǎo(샤워하다: 동목이합사)

나는 이미 샤워를 했다.

⑤ 他/ {一定} 来。

yīdìng(반드시)

그는 반드시 올 거야.

⑥ 车子/ {忽然} 停<下 来> 了。☞ 129쪽 추향보어

chēzi(차) hūrán(갑자기) tíng(멈추다)

차가 갑자기 멈추어 섰다.

⑦ 我/ {也} {这样} 想。(대체사)

zhèyàng(이렇게) xiǎng(생각하다)

나도 이렇게 생각한다.

⑧ (这)(小) 东西/ {怎么}{这么} 贵 啊!

xiǎo(작다) dōngxi(물건) guì(비싸다)

이 작은 것이 어떻게 이렇게 비싸냐!

⑨ 你/ {想}{怎样} 做, {就}{怎样} 做。

~, jiù… (~한다면, …하다)

네가 하고 싶은 대로 해라.

⑩ 他/ {一下子} 喝<完> 了 (那 杯) [汽水]。 (수량사구)

hē(마시다) qìshuǐ(사이다)

그는 한 번에 그 사이다 한 잔을 다 마셨다.

⑪ {一张一张} 看 得<很 仔细>。 (수량사구:중첩)

={一张一张 地} 看 得<很 仔细>。

zǐxì(자세하다)

한 장 한 장 매우 자세히 본다.

⑫ {下午 五点 钟} 来。(시간사)

오후 다섯 시에 오너라.

⑬ 他/ {今天} 起 得<很 早>。 (시간사)

={今天} 他/ 起 得<很 早>。

jīntiān(오늘) qǐ(일어나다) zǎo(이르다)

그는 오늘 아주 일찍 일어났다.

⑭ {里面} 坐。 (처소사)

=坐 [里面]。(술어+목적어)

* 구조는 다르나 의미는 같음.

lǐmiàn(안) zuò(앉다)

안쪽으로 앉으세요.

2) **전치사구**

전치사와 명사(구)가 결합되어 전치사구로서 부사어가 되는 경우가 많다. 이 경우 학습자들이 어순배열에서 오류를 많이 범하는 부분이므로 유의해야 한다.

① {在 哪儿} 换 [外币] ?

huàn(바꾸다) wàibì(외국화폐)

어디에서 외국돈을 바꾸나요?

② 孩子们/ {在 河 里} 游泳。

hé(강) yóuyǒng(수영하다)

아이들이 강에서 수영을 한다.

③ 她/ {在 上海} 住了<好多 年>。

Shànghǎi(상하이) zhù(거주하다)

그는 상하이에서 아주 오래 동안 살았다.

④ 我/ {好像} {在 什么地方} 见过 [他]。

hǎoxiàng(부 마치 ~와 같다) jiàn(만나다)

나는 어디선가 그를 만난 것 같다.

⑤ 咱们/ {在 这儿} 照 (张)[相] 吧!

zhào xiàng(사진을 찍다:동목이합사)

* 수사 一가 생략됨.

우리 여기서 사진 한 장 찍자.

⑥ 我们/ {在 这里} 过得<很好>。

guò(지내다)

우리는 여기서 아주 잘 지낸다.

⑦ {一直}{往前} 走, 到了 [十字路口] {再}{往左} 拐。

wǎng(~를 향해) yīzhí(줄곧) shízìlùkǒu(네거리) zài(다시) zuǒ(왼쪽) guǎi(돌다)

줄곧 앞으로 가다가, 네거리에 도착하면 왼쪽으로 돌아라.

⑧ 他/ {在 这 方面} {很} 有 [研究]。

fāngmiàn(방면) yánjiū(연구)

그는 이 방면에 연구를 많이 했다.

⑨ 这/ 是 【{从 釜山} 寄<来> 的】。

这/ **是** {从 釜山} 寄<来> **的**。☞237쪽 是…的문I

jì(부치다)

이것은 부산에서 보내 온 것이다.

⑩ 屋子里/ {太} 热了, {把门} 开开, 好吗？☞ 199쪽 把자문

wūzi(집) lǐ(안) tài(너무) rè(덥다) mén(문) kāi(열다)

집안이 너무 덥군요. 문을 좀 열어 주시겠어요.

⑪ {就}{**要**}下[雨]**了**, {快}{把 衣服}收<回来>。

yào~le(막 ~하려하다) shōu(걷다)

곧 비가 오려 한다. 빨리 옷을 걷어 들여오렴.

⑫ {把 窗户}打<开>吧。

chuānghu(창문)

창문을 열어라.

⑬ {把 这 张 表} 填<一下>。

biao(표) tián(기입하다)

이 표를 작성하세요.

⑭ 白行车/ {被 老张} 骑<走>了。☞ 206쪽 被자문 참조

zìxíngchē(자전거) bèi(피동표지) qí(타다) zǒu(떠나다)

자전거는 장씨가 타고 가버렸다.

⑮ 你/ 等 等, 他/ {这}{就}{给 你} 拿<去>。

děng(기다리다) zhè jiù(곧 바로) ná(들다)

좀 기다려. 그가 곧바로 너에게 가지고 갈 거야.

⑯ 你/ {给 我们} 介绍 介绍 [北京的 气候 怎么样]。

jièshào(소개하다) qìhòu(기후)

네가 우리에게 북경의 기후가 어떤지 좀 소개해 다오.

⑰ 你/ {给大家} 讲 (一个) [故事]。

jiǎng(말하다) gùshì(이야기)

네가 모두들에게 이야기를 하나 해 다오.

⑱ {现在} 我/ {很} 忙, 没有 [时间] {给 你} 写 [信]。

☞ 212쪽 연동문 참조.

xiànzài(지금) máng(바쁘다) shíjiān(시간) xìn(편지)

지금 난 바빠서 시간이 없어 네게 편지를 못 쓴다.

⑲ 哥哥/ {给 我} 讲 了 (一个) [故事]。

jiǎng(말하다) gùshì(이야기)

형이 나에게 이야기를 하나 해 주었다.

⑳ (这个) 队/ {比 那个 队} 短, 咱们/ {就} 排 [这儿]吧！

duì(줄, 팀) duǎn(짧다) pái(줄 서다)

이 줄이 저 줄보다 짧으니 우리 이 줄에 서자!

㉑ 我/ {比 你} 大<两 岁>。☞302쪽 비교 참조.

suì(~살: 나이)

내가 너보다 두 살 많다.

㉒ 你/ {比 以前} 瘦<多>了, 工作/ {还是}{那么} 忙 吗?
yǐqián(이전) shòu(마르다) gōngzuò(일) háishi(여전히)
당신 이전보다 많이 말랐어요. 일이 여전히 그렇게 바쁜가요?

㉓ (这 件) 事/ {跟 你} 没有 (任何) [关系]。
rènhé(어떠한) guānxì(관계)
이 일은 당신과 아무런 관계가 없다.

㉔ (哥哥的) 爱好/ {跟 姐姐的} {不} 一样。
àihào(취미, 기호) yīyàng(같다)
형의 취미는 누나(의 취미)와 같지 않다.
* 동일한 명사(중심어)가 반복될 경우 생략 가능.

㉕ (我 学的) 专业/ {跟 他的} {不} 一样。
zhuānyè(전공) yīyàng(같다)
내가 공부하는 전공은 그의 전공과 같지 않다.

㉖ {跟 以前} 差不多。
yǐqián(이전) chàbuduō(비슷하다)
이전과 비슷하다.

㉗ {一} 见 [面], 他/ {就}{跟 我} 讲了 {好}(多)[话]。
jiàn miàn(만나다) jiǎng huà(말을 하다) hǎo(부 매우)
만나기만 하면 그는 나에게 아주 많은 말을 했다.

연습문제

다음 문장을 중국어로 작문하시오.

① 우리 여기에서 밥 먹자.

② 그럼 이렇게 하자.
nà(접 그러면) jiù(~하면) bàn(처리하다)

③ 네 남동생은 어디에서 무엇을 하니?

④ 우리는 여기에서 아주 즐겁게 생활하고 있다.

⑤ 그는 공부에 있어서 아주 빠르게 향상되었다.

---

① 답 我们/ {在 这儿} 吃 [饭] 吧。
② 답 ***那*** {就} {这么} 办 吧。
③ 답 (你) 弟弟/ {在 哪儿} 做 (什么) [事]?
④ 답 我们/ {在 这里} 生活得<很愉快>。
⑤ 답 他/ {在 学习 上} 提高得<很快>。

⑤ 그는 공부에 있어서 아주 빠르게 향상되었다.

⑥ 그의 학습방법은 나의 학습방법과 같지 않다.

⑦ 내가 공부하는 전공은 그의 것과 같지 않다.

⑧ 만나자 마자 그는 나에게 많은 말을 했다.

⑨ 나는 너에게 어떤 한 사람에 대해 알아보고자 한다.

⑩ 우리 두 학교 학생들의 우정을 위하여 건배합시다!

---

⑥ 답 (他的)(学习)方法/ {跟我的学习方法}{不}一样。
⑦ 답 (我 学的)专业/ {跟 他的}{不}一样。
⑧ 답 {一}见[面], 他/ {就}{跟我}讲了{好}(多)[话]。
⑨ 답 我/ {想}{跟 您}打听(一个)[人]。
⑩ 답 {为 我们 两校 学生的 友谊} 干[杯]!

3) 조동사

조동사는 능원동사(能愿动词)를 말한다. 중국어의 조동사는 영어의 조동사와 일치하지는 않지만, 동사나 부사와 구별되는 특징이 있으므로 한 문법 범주를 형성한다. 「能愿动词」의 경우 「가능 · 당위 · 필요 · 의지」 등을 나타내는 동사는 모두 해당될 수 있는데, 이는 동사를 의미상 분류한 것이기 때문에, 기능상 차이에 대해서는 따로 장황하게 설명해야 하는 번거로움이 있다. 따라서 조동사 역할을 주로 하는 것만 골라내어, 「조동사」로 분류하는 것이 중국어 학습에 더 유리할 것이다.

조동사가 동사와 같은 점은 반복의문문을 만들 수 있으며, 부정될 수 있다는 것이다.

① 他/ {能}{不}{能} 唱[歌]?
그는 노래를 부를 수 있는가?

② 他/ {不}{能} 唱[歌]。
그는 노래를 부를 수 없다.

위 두 가지 경우를 제외하면 동사와 다른 점이 더 많다. 동사와 달리 동작상 표지가 올 수 없고, 동사와 함께 쓰여야 하며, 중첩할 수 없고, 정도부사의 수식을 받을 수 없으며, 명사화될 수 없고, 겸어 앞에 올 수 없으며, 직접목적어를 취할 수 없다. 다음 문장은 모두 비문이다. 문장 앞의 *표시는 비문 즉 비문법적인 문장을 의미한다.

* 他能了(过、着)唱歌.
* 他能.

* 他能能唱歌.

* 他很(更)能唱歌.

* 他是能的.

* 能他唱歌.

* 他能那件事.

조동사의 위치는 술어 앞이다. 이 점은 부사와 일치하지만, 부사는 동사적인 특성이 없기 때문에 반복의문문 형태를 취할 수 없다든지 단독 술어로 쓰일 수 없기 때문에, 조동사는 부사와 차이가 있다.

刘月华 외(2005:190)는 조동사를 술어에 포함하고 그 뒤의 성분은 모두 목적어로 보고 있으나, 조동사 뒤에 오는 구조가 대개 다양한데 이를 전부 목적어로 분석하면 학습자가 중국어 문장구조를 이해하는 데 별 도움이 되지 않는다. 따라서 이 책에서는 조동사를 부사어로 분석하고자 한다.

③ (这 两 道) 菜// 我/ {不}{想} 吃。
dào(~가지: 음식) cài(음식)
이 두 가지 음식은 나는 먹고 싶지 않다.

④ 天/ {这么} 黑, 他/ {能} 来 吗?
hēi(어둡다, 저물다)
날이 이렇게 어두운데, 그가 올 수 있을까?

⑤ 我/ {不}{会} 开 [车]。
kai che(차를 운전하다)
나는 운전할 술 모른다.

⑥ 我们/ {必须} 坚持 (这个) [原则]。

bìxū(~해야 한다) jiānchí(고수/견지하다) yuánzé(원칙)

우리는 반드시 이 원칙을 고수해야 한다.

⑦ 你/ {不}{应该}{这样} 做。

yīnggāi(마땅히 ~해야 한다)

너는 결코 이렇게 해서는 안돼.

5.3 이동성 부사어

부사어는 일반적으로 주어 뒤, 술어 앞에 오지만, 다음과 같은 부사어는 주어 앞에 올 수 있다.

1) 화제 표시 부사어

「关于guānyú~」·「至于zhìyú~」등의 화제를 나타내는 전치사구로 된 부사어는 대개 주어 앞에 온다.

① {关于 这 件 事}, 我们/ {已经} 讨论 过 了。

guānyú(~에 관해서) tǎolùn(토론하다)

이 일에 관해서 우리는 이미 토론한 적이 있다.

② {在 月底 以前} 你/ {一定}{要} 给 [我] (一个)[答复], {至于 同意 不 同意}, 那/ 是 (你的) [自由]。

yuè dǐ(월말) dáfù(대답하다) tóngyì(동의하다)

zìyóu(자유 · 자유롭다)

월말 전에는 넌 꼭 나에게 대답을 주어야 한다. 동의를 하든지 안 하든지 그것은 네 자유이다.

③ {在 生活 上} 我们/ {应该}{多} 关心 [他]。

shēnghuó(생활) yīnggāi(~해야 한다)

guānxīn(관심을 기울이다)

생활에 있어서 우리는 좀더 그에게 관심을 기울여야 한다.

④ {在 这点 上}, 我/ {跟 你的 看法}{不}一样。

diǎn(점) gēn(~와) kànfǎ(견해) yīyàng(같다)

이 점에 있어서 나는 네 견해와 같지 않다.

⑤ {对 他}, 我/ {从来} 没有 (什么) (好)[印象]。

duì(~에 대해) cónglái(여태) yìnxiàng(인상)

그에 대해서 (말이지), 나는 여태 별 좋은 인상을 갖고 있지 않았다.

2) 시간 표시 부사어

「今天 · 将来jiānglái · 近来jìnlái · 现在xiànzài」 등 시간 표시 명사(시간사)가 부사어가 될 경우 주어 앞뒤에 모두 올 수 있다. 또 「~할 때」「~한 이후」등 비교적 복잡한 어구로 시간을 나타내는 부사어는 대개 문두에 온다.

① {今天} 我们/ 去 [哪儿] 吃 [饭]? ☞212쪽 연동문

오늘 우리 어디 가서 밥 먹지?

② {现在} 你/ {在} 学 [什么] 呢?

지금 너는 무엇을 배우고 있니?

③ {下 班 以后} 你/ {常} 做 [什么]?

xià bān(퇴근하다) yǐhòu(이후) cháng(늘)

퇴근한 이후에 너는 주로 무엇을 하니?

④ {三月 十五号 以前} 你/ {一定}{要} 交 [报告]。

yǐqián(이전) yīdìng(반드시) jiāo(제출하다) bàogào(보고서)

3월 15일 이전에 너는 반드시 보고서를 제출해야 한다.

⑤ {比赛 以前}, 我/ {很} 有 [信心]。***可是*** {比赛 的 时候}, 我/ {太} 紧张 了。

bǐsài(시합) xìnxīn(자신감) kěshì(접그러나) shíhou(때) jǐnzhāng(긴장하다)

시합 전에 나는 아주 자신이 있었다. 그러나 시합 때에 난 너무 긴장했다.

⑥ {我们 谈 话 的 时候}, 妈妈/ {为 我们} 准备 [晚饭]。

tán huà(이야기를 나누다) zhǔnbèi(준비하다) wǎnfàn(저녁밥)

우리가 이야기를 나누고 있을 때 어머니는 우리를 위해서 저녁을 준비하고 계셨다.

⑦ {在 我 上 大学 的 前 一 天}, 妈妈/ {给 我} 讲 了 (她的)(大学)[生活]。

jiǎng(~에 대해 말하다) dàxué(대학) shēnghuó(생활)

내가 대학교에 가기 전날, 어머니는 나에게 어머니의 대학 생활에 대해 말씀해 주셨다.

연습문제

다음 문장을 중국어로 작문하시오.

① 오늘 저녁에 그는 안 올 거야.

wǎnshàng(저녁) huì(~할 것이다)

② 너 내일 뭐 할 거니?

míngtiān(내일) xiǎng(하려하다) zuò(하다)

③ 베이징에 오기 전에, 나는 스케이트를 탄 적이 없다.

yǐqián(이전) huá bīng(스케이트를 타다)

④ 쉴 때 너는 주로 무엇을 하니?

xiūxi(쉬다) shíhou(때) cháng(늘, 주로) zuò(하다)

---

① 답 {今天 晚上} 他/ {不}{会} 来。
　　他/ {今天 晚上} {不}{会} 来。
② 답 你/ {明天} {想} 做 [什么]?
　　{明天} 你/ {想} 做 [什么]?
③ 답 {来 北京 以前}, 我/ {没有} 滑过 [冰]。
④ 답 {休息 的 时候} 你/ {常} 做 [什么]?

⑤ 내가 막 베이징에 왔을 때, 중국어는 조금도 이해하지 못했다.
gāng(막) yīdiǎnr yě bù~(조금도 ~하지 못하다)
dǒng(이해하다)

⑥ 오늘 병마용을 참관했을 때 난 정말 흥분했다.
cānguān(참관하다) bīngmǎyǒng(병마용) zhēn(정말)
jīdòng(흥분하다)

⑦ 너가 그를 찾아 갔을 때 그는 무엇을 하고 있던가?
zhǎo(찾다) zài(부~하는 중이다)

---

⑤ 답 {我 刚 来 北京 的 时候}, 汉语/ {一点儿}{也}{不} 懂。
⑥ 답 {今天 参观 兵马俑 的 时候}, 我/ {真} 激动。
⑦ 답 {你 去 找 他 的 时候}, 他/ {在} 作 [什么] 呢?

3) 어감 표시 부사어

「果然guǒrán · 难道nándào · 明明míngmíng」 등 어기를 나타내는 부사어 등은 주어 앞뒤에 모두 올 수 있다.

① {明明} 你/ 错 了, {为 什么} {不} 承认 呢?
míngmíng(분명히) cuò(잘못하다) chéngrèn(시인하다)
분명히 네가 잘못했는데, 왜 시인을 하지 않느냐?

② {难道} 这/ 是 [偶然 的] 吗?
nándào(설마~이겠나) ǒurán(우연한)
설마 이것이 우연한 것이겠느냐?

③ {果然} (他 的) 成绩/ 上<去> 了。
chéngjī(성적)
과연 그의 성적이 올라갔다.

또 술어에 비교적 복잡한 부사어가 있을 때는 장소를 나타내는 부사어를 주어 앞에 둘 수 있다.

④ {院子 里}, 孩子们/ {你追我赶 地} 玩着。
yuànzi(뜰) zhuī(쫓다) gǎn(쫓다) wán(놀다)
뜰에서 아이들이 서로 쫓아가며 놀고 있다.

시간이나 장소를 표시하는 명사(시간 · 처소사)가 위와 같이 부사어로서 문두에 올 수 있다. 이 경우 주어가 생략되었다면, 시간사나 처소사가 문두에 와서 주어 역할을 하는 문형과 혼동하기 쉽다.

다음 예는 시간사가 판단 · 묘사 · 진술 등의 대상으로서 주어가 되는 경우이다.

⑤ 后天/ 是 [国庆]。 (판단의 대상)
guóqìng(국경일)
모레는 국경일이다.

⑥ (青岛 的) 夏天/ {很} 凉爽。 (묘사의 대상)
liángshuǎng(시원하다)
칭다오의 여름은 아주 시원하다.

⑦ 街 上// 人/ {很} 多。 (묘사의 대상)
jiē(거리)
거리에 사람이 꽤 많다.

⑧ 未来/ {向 青年们} 招 [手]。 (진술의 대상)
wèilái(미래) xiàng(~에게) qīngnián(청년)
zhāo shǒu(손짓하다)
미래가 청년들을 부르고 있습니다.

5.4 몇 개의 부사어가 같이 쓰인 경우

부사어에서 우리가 유의해야 될 또 하나는 부사어가 여럿 있을 때 그 부사어들의 순서이다. 부사어도 시간 · 목적 · 장소 · 대상 등의 측면에서 용언을 제한하는 제한성 부사어[1]와 동작자나 동작을 묘사하는 묘사성 부사어[2]로 크게 나눌 수 있는데, 제한성 부사어와 묘사성 부사어는 각각 배열순서가 정해져 있으며, 이러한 부사어들이 함께 있을 경우, 대개 제한성 부사어가 앞에 오고, 묘사성 부사어는 뒤에 온다.

일반적인 문장에서는 이러한 부사어들이 총출연하는 경우가 드물다. 우리가 알아 두면 작문에 도움이 되는 일반적인 부사어의 어순은 다음과 같다.

시간(什么时候) > 장소(什么地方) > 범위 · 상태 · 방식(怎么样) > 대상(跟谁)

① (许多) 学生/ {今天 上午}{在 教室 里}{都}{非常 认真地}{向 教师} 询问 (有关) (期末 考试 的) [问题].
rènzhēn(진지하다) xúnwèn(질문하다)
yǒuguān(동 관계가 있다) qīmò(기말) kǎo shì(시험을 보다)
많은 학생이 오늘 오전 교실에서 모두 아주 진지하게 선생님께 기말고사와 관련된 문제를 물었다.

② 他/ {昨天}{在 食堂 里}{高高兴兴 地}{跟 我们} 说了 (几句) [话]。
shítáng(식당)
그는 어제 식당에서 신이 나서 우리들에게 몇 마디 말을 했다.

1) 제한성 부사어의 배열순서는 대체적으로 다음과 같다.
시간>어기>목적 · 관련>장소 · 방향>대상
2) 묘사성 부사어는 대개 동작자를 묘사하는 부사어가 동작을 묘사하는 부사어 앞에 온다.

③ 响 [铃]了，{以后}{再}{向你} 请教。

xiǎng(울리다) líng(종, 벨) qǐngjiào(가르침을 청하다)

종이 울렸다. 다음에 다시 너에게 가르쳐 달라고 할게.

④ 您/ {多次}{陪我们} 参观，{太} 麻烦 [您]了。

duōcì(여러번) péi(~를 모시고) cānguān(참관하다)

máfan([동] 번거롭게 하다)

당신이 여러 번 우리를 데리고 참관하는데, 너무 당신께 폐를 끼치는군요.

⑤ 我/ {在 那里}{很 愉快 地} 度过 了 [暑假]。

yúkuài(즐겁다) dùguò(시간을 보내다) shǔjià(여름방학)

나는 거기서 유쾌하게 여름 방학을 보냈다.

⑥ 她/ {兴奋 地}{从 哥哥 手 里}{很 快 地} 抢<过> (那 封) [信]<来>。

xīngfèn(흥분해서) kuài(빠르다) qiǎng(빼앗다)

그녀는 흥분해서 오빠 손에서 재빨리 그 편지를 빼앗았다.

조동사가 다른 부사어와 같이 쓰일 때 배열순서는 다양하여 일괄적으로 말하기 어렵다. 대개 시간이나 수단을 나타내는 부사어 다음에 온다.

⑦ {休息的时候}{要}{好好}休息，{学习的时候}{要}{好好}学习。

xiūxi(쉬다) shíhou(때)

쉴 때는 푹 쉬고, 공부할 때는 열심히 공부해야 한다.

⑧ 你/ {明天}{可以}{再} 来<一趟>吗?

kěyǐ(~할 수 있다) tàng(~번: 왕복)

너 내일 다시 왔다 갈 수 있겠느냐?

⑨ (这件) 事/ {在 方法上}{还}{应该} 研究 研究。

shì(일) fāngfǎ(방법) yīnggāi(마땅히 ~해야 한다)

yánjiū(연구하다)

이 일은 방법에 있어서 좀 더 연구해야 한다.

⑩ 我们/ {在 车上} {向 他} 喊: {一定} {要} {给 我们} 写 [信] 啊!

chē(차) xiàng(~에게) hǎn(외치다) yīdìng(반느시)

우리들은 차에서 그에게 외쳤다: 우리들에게 꼭 편지 써야 해!

6. 보어

보어(补语)는 용언(동사 · 형용사 등) 뒤에 와서 「결과 · 추세방향 · 가능 · 정도 · 양태 · 수량 · 동작의 횟수나 시간」 등에 대해 용언을 보충 설명해주는 성분이다. 이 보어는 영어나 국어의 보어와 같지 않기 때문에 「보충어」라고도 불리어진다.

보어는 술어(동사 · 형용사)에 결합되어 있는 부속된 문장성분이며, 술어 뒤에 위치한다. 또 간단한 부사에서 동사구 · 형용사구 · 명사구 심지어는 각종 절까지도 보어가 될 수 있다.

중국어 보어의 종류를 결과 · 추향 · 가능 · 비교수량 · 동량 · 시량 · 정도 · 양태보어 등으로 나눌 수 있다. 이 책에서는 학습효과를 고려하여 보어를 형태별로 분석하고자 한다.

6.1 보어가 단순한 형태인 경우

1) 「술어+부어」 사이에 다른 성분이 오지 못하는 경우

(1) 결과보어 1

심지어 복합동사로 간주되기도 할 정도로 술어와 보어 관계가 긴밀하여, 「술어+보어」 사이에 다른 성분이 올 수 없는 대표적인 보어가 결과보어(结果补语)이다. 결과보어는 주로 동사나 형용사로 이루어진다. 술어(동사) 뒤에 위치하여 동작 · 행위가 완료되었거나 바라던 결과 · 목적을 달성했음을 표시한다. 이 경우 술어와 보어의 결합 정도가 거의 한 단어처럼 단단하여 목적어가 있을 경우 목적어는 「술어＋보어」 다음에 와야 한다. 완료 표시 동태조사 「了」나 경험 표시 동태조사 「过」는 보어 뒤에 와서 「결과」의 의미를 더욱 강조해 준다.

결과보어로 「完wán · 着zháo · 住zhù · 到dào · 好hǎo」 등이 자주 쓰이는데, 그 의미는 약간씩 다르며 동사에 따라 결합되는 결과보어도 다르기 때문에 동사와 잘 어울리는 결과보어를 같이 외워두어야 한다.

① 我/ 看<完>了 (那本)[书]。
나는 그 책을 다 보았다. (보는 동작이 완결되었다)

② 他/ {终于}买<着>了 (那本)[书]。
zhōngyú(마침내, 결국)
그는 마침내 그 책을 샀다. (사고자 한 목적을 달성했다)

③ (这篇)文章/ 写<好>了。
piān(~편: 글) wénzhāng(글)
이 글은 다 썼다. (쓰는 것을 완전히 끝냈다)

결과보어와 완료표시 동태조사 了의 차이점은 「동작행위의

목적 달성: 동작행위 실현」에 있다. 즉 결과보어는 동작 행위의 목적이 달성되었음을 나타내는데 반해, 了는 단지 동작 행위가 실현되었음을 나타낸다. 그러므로 了만으로는 동작 행위의 목적이 달성되었는지 여부를 명확히 나타낼 수 없다.

④ 她/ {11年里} {共}自杀了<27 次>。
gòng(모두) zìshā(자살하다) cì(~번)
그녀는 11년 동안 모두 27번 자살했었다.

만일 了가 목적 달성을 의미한다면 위 문장은 성립이 되지 않는다.

⑤ (你丢的) (那本)书/ 找<到>了吗?
diū(잃다) zhǎo(찾다)
네가 잃어버린 그 책은 찾았느냐?

⑥ 找了<半天>, {没}找<到>。
bàn(반) tiān(하루)
한참을 찾았지만, 찾지 못했다.

위 예문⑥에서 了는 동작 행위는 실현되었지만, 목적 달성을 나타내는 것이 아님을 알 수 있다. 따라서 동작 행위의 목적을 나타내려면 결과보어를 사용해야 한다.

⑦ 警察/ 抓<住>了 (那个)[罪犯]。
jǐngchá(경찰) zhuā(잡다) zhù(결과보어) zuìfàn(범인)
경찰이 그 범인을 잡았다.

⑧ 他/ {终于} 打听<到>了 (她的)[住址]。
zhōngyú(마침내, 결국) dǎtīng(수소문하다) zhùzhǐ(주소)
그는 마침내 그녀의 주소를 알아냈다.

⑨ (这个)谜语// 他/ {没}猜<着>。
míyǔ(수수께끼) cāi(맞추다)
이 수수께끼는 그가 맞추지 못했다.

결과보어의 부정은 주로「没」로 하지만, 가정을 나타낼 때는「不」를 쓴다.

⑩ 我/ {没}买<到> (那本)[书]。
나는 그 책을 사지 못했다.

⑪ (昨天的)(生)词//, 我/ {还}{没} 记<住>呢。
shēng(새) cí(단어) hái(아직) jì(외우다)
어제의 새 단어는 나는 아직 외우지 못했다.

⑫ 我/ {还}{没} 准备<完>呢。
zhǔnbèi(준비하다)
나는 아직 다 준비하지 못했다.

⑬ 我/ {不}写<完> [作业], {就}{不} 去看 [电影]。
zuòyè(숙제) diànyǐng(영화)
나는 숙제를 다 못 한다면, 영화 보러 가지 않겠다.

결과보어로 이 외에도 다양한 형태가 있다.

⑭ (这场的)电影票/ {都} 卖<光>了。

diànyǐngpiào(영화표) mài(팔다) guāng(비다: 결과보어)

이번 회의 영화표는 다 팔렸다. (깨끗이 다 팔리고 없다)

⑮ {把嘴}张<开>: “啊-” ☞ 199쪽 把자문 참조

zuǐ(입) zhāng(벌리다) kāi(열다: 결과보어)

입을 벌리세요: “아-”

⑯ 我/ {能}看<懂> (中文)[书]了。

dǒng(이해하다: 결과보어)

나는 중국어 책을 봐서 이해할 수 있게 되었다.

⑰ 咱们/ {非}{得} {把这件事} 搞<清楚>***不可***。

fēi…조 bùkě(…하지 않으면 안 되다) děi(~해야 한다)

gǎo(하다) qīngchǔ(분명하다, 잘 이해하다: 결과보어)

우리는 이 일을 분명히 하지 않으면 안 된다.

⑱ (大)火/ {把天空和大地} {都}照<红>了。

huǒ(불) tiānkōng(하늘) hé(~와) dàdì(대지) zhào(비추다)

hóng(붉다: 결과보어)

큰 불이 하늘과 대지를 비추어 온통 붉게 되었다. (비춘 결과 붉게 되었다)

연습문제

다음 문장을 중국어로 작문하시오.

① 그가 사려 했던 그 책은 샀느냐?

참 사려고 한 목적을 달성했는가? ▶ 결과보어

② 3일 이후에 내가 여권을 가질 수 있나요?

참 목적 달성의 가능성 ▶ 조동사+결과보어

sān tiān(3일) yǐhòu(이후) ná(가지다) hùzhào(여권)

③ 어제 배운 새 단어는 난 다 외우지 못했다.

참 다 ~하지 못하다 ▶ 결과보어 没부정

zuótiān(어제) xué(배우다) shēngcí(새 단어) jì(외우다)

zhù住(고착시키다: 결과보어)

---

① 답 (他要买的)(那本)书/买<着>了吗?

② 답 {三天以后} 我/{能}拿<到>[护照]吗？

③ 답 (昨天学的)(生)词//, 我/{没}记<住>。

④ 이 책은 한 달 반 만에 다 배울 수 있겠지요?

참 목적 달성의 가능성 ▶ 조동사+결과보어

bàn(반) yuè(달) jiù(곧) kěyǐ(할 수 있다)

wán完(완성하다: 결과보어)

⑤ 그를 부르지 마라. 그는 이미 잠들었다.

참 이미 동작의 결과가 보임 ▶ 결과보어

bié(~하지 마라) jiào(부르다) shuì(잠들다, +着)

⑥ 외국어 하나를 잘 배우려면 열심히 하지 않고는 안 된다.

wàiyǔ(외국어) nǔli(노력하다)

fēi非~不可kě(~하지 않으면 안 된다)

⑦ 그도 영화 보는 것을 좋아할 것이라고 생각하지 못했다.

xiǎng(~라고 생각하다) xǐhuān(좋아하다) diànyǐng(영화)

---

④ 답 (这本)书/ {一个半月}{就}{可以}学<完>了吧？
⑤ 답 {别}叫[他], 他/{已经}睡<着>了。
⑥ 답 {要}学<好>(一种)[外语], {非}努力*不可*。
⑦ 답 {没}想<到>【他/{也}喜欢[看电影]】。

⑧ 내가 축구 표 두 장을 구했으니 빨리 가자!

mǎi(사다) zúqiú(축구) piào(표) kuài(빨리) zǒu(가다)

⑨ 네가 잘 들어라, 떨어뜨리지 말고.

ná(들다) zhù住(결과보어) bié(~하지 마라) diào(떨어뜨리다)

⑩ 그는 아직 수속을 다 마치지 못했다.

bàn shǒuxù(수속을 하다)

⑪ 그가 이 방면에 취미가 많으리라고 생각하지 못했다.

xiǎng(~라고 생각하다) fāngmiàn(방면) xìngqù(취미)

⑫ 음식을 모두 다 먹어버렸다.

cài(음식) guāng光(결과보어)

---

⑧ 답 我/买<到>(两张)(足球)[票], {快}走吧！
⑨ 답 你/拿<住>, {别}掉了。
⑩ 답 他/{还}{没}办<完>[手续]呢。
⑪ 답 {没}想<到> 【他/{在这方面}{很}有[兴趣]】。
⑫ 답 菜/{都}吃<光>了。

⑬ 대략적인 내용은 그래도 봐서 이해할 수 있다.

dàgài(대략적인) nèiróng(내용) hái(그래도)

dǒng懂(결과보어)

⑭ 나는 이 옷을 깨끗이 빨았다.

xǐ yīfu(빨래하다) gānjìng(깨끗하다:결과보어)

⑮ 밥 실컷 먹고 다이어트 한다.

zài(그런 다음) jiǎnféi(살을 빼다)

---

⑬ 답 (大概的)内容/{还}{能}看<懂>。

⑭ 답 我/洗<干净>(这件)[衣服]了。

⑮ 답 吃<饱>了[饭], {再}减[肥]。

(2) 결과보어 2

술어가 결과보어「在、到」와 함께 장소표시 명사를 목적어로 동반하여 동작 행위의 결과로 목적어가 표시하는 장소에 존재함을 나타낸다.

① 我们/ {现在} 站<在>[十字路口]。
xiànzài(지금) zhàn(서다) shízìlùkǒu(사거리)
우리는 지금 사거리에 서 있다.

② 你们/ 坐<在>(第几)[排]?
zuò(앉다) dì(제~) pái(줄, 열)
너희는 몇 번째 줄에 앉아 있니?

③ (买来的)东西/ 放<在>[哪儿]?
dōngxi(물건) fàng(놓다)
사 온 물건은 어디에 놓아두었니?

④ 她/ {把朋友送来的礼物} 放<在>[桌子上]了。
sòng(선물하다) lǐwù(선물) fàng(놓다)
그녀는 친구가 준 선물을 탁자 위에 놓아두었다.

⑤ 他/ {把带回来的画} 挂<在>[墙上]了。
dài(가지고 있다) huí(돌다) huà(그림) guà(걸다) qiáng(벽)
그는 가지고 돌아온 그림을 벽에 걸어 두었다.

⑥ 您/ {把姓名和地址} 写<在>[这儿]吧。
xìngmíng(이름) hé(~와) dìzhǐ(주소)
당신은 성함과 주소를 여기에 써두세요.

⑦ (我的)(那些)书/ 搬<到>[哪儿]<去>了?

bān(옮기다)

내 그 책들은 어디로 옮겼지?

⑧ 我/ {想}{把家} 搬<到>[北京]。

jiā(집)

나는 집을 베이징으로 옮기려고 한다.

⑨ 车/ 开<到>[哪儿]等[您]?

kāi(운전하다) děng(기다리다)

차는 어디로 가서 당신을 기다리나요?

⑩ 开<到>(宾馆)[门口] {就}可以了。

bīnguǎn(호텔) ménkǒu(입구) jiù(~하면 …하다)

kěyǐ(형 좋다)

호텔 입구로 (운전해) 오면 됩니다.

⑪ 你/ {又}跑<到>[这儿]<来>了!

pǎo(달리다)

너 또 여기까지 (달려) 왔구나!

⑫ 来<到>[这儿], {就}{好像}回<到>了[家]。

jiù(바로) hǎoxiàng(~와 같다) huí(돌다)

여기 오니 마치 집에 돌아온 것 같다.

「在、到+장소표시 명사」는 부사어로도 써지는데 이 경우 동작이 진행되고 있거나 진행된 장소를 설명한다. 반면 보어로 써졌을 경우 동작을 통해 어떤 사물이 어떤 장소에 있음을 강조한다.

⑬ 他/ {在黑板上} 写(自己的)[名字]。 (부사어)
hēibǎn(칠판) zìjǐ(자기) míngzì(이름)
그는 칠판에 자기의 이름을 쓴다.

⑭ 他/ {把自己的名字} 写<在>[黑板上]。 (보어)
그는 자기의 이름을 칠판에 쓴다.
그는 자기의 이름을 칠판에 써놓았다.

⑮ 我们/ {在院子里} 种(那棵)[树]。 (부사어)
yuànzi(정원) zhòng(심다) kē(~그루) shù(나무)
우리는 정원에서 그 나무를 심고 있다.

⑯ 我们/ {把那棵树} 种<在>[院子里]。 (보어)
우리는 그 나무를 정원에 심었다.

이런 결과보어 「在 · 到」는 발생 시점이나 종점을 나타낼 수도 있는데, 이 문형은 대개 서면어로 쓰이며 동태조사를 쓸 수 없다. 목적어로 장소 표시 명사가 오면 발생장소를 나타낸다.

⑰ (那件)事情/ 发生<在>[很久以前]。
shìqing(일) fāshēng(발생하다) jiǔ(오래다) yǐqián(이전)
그 일은 오래 전에 발생했다.

⑱ (访问)时间/ 定<在>[明天下午三点]。

fǎngwèn(방문하다) shíjiān(시간) dìng(정하다)

방문 시간은 내일 오후 3시로 정해졌다.

⑲ {昨天} 我们/ 谈<到>[晚上8点]。

zuótiān(어제) tán(이야기를 나누다)

어제 우리는 저녁 8시까지 이야기를 했다.

⑳ 台风/ 刮<到>[下午两点] {才}停止。

táifēng(태풍) guā(불다) cái(비로소) tíngzhǐ(그치다)

태풍이 오후 2시까지 불다가 그쳤다.

㉑ (这件)事/ 发生<在>[上海]。

이 일은 상해에서 발생했다.

일부 술어는 결과보어 「给」와 함께 목적어를 취하여 동작 행위의 결과로 목적어가 나타내는 사람 기관에 수여됨을 나타내며, 받는 대상을 부각시킨다.

㉒ 你/ {把这件衣服} 送<给>(你)[爸爸]吧。

yīfu(옷) bàba(아버지)

너 이 옷은 네 아버지에게 선물하렴.

㉓ {把这个} 递<给>[他]。

dì(건네다)

이것을 그에게 건네주어라.

㉔ (这个)座位/ 让<给>[老金]。

zuòwèi(좌석) ràng(양보하다)

이 자리는 김씨에게 양보한다.

㉕ {把那双鞋} 拿<给>[我]看看。

shuāng(~짝) xié(신발)

저 신발을 나에게 (가져와서) 좀 보여주세요.

「给+명사성 단어」는 부사어로도 상용되는데 이 경우 주로 동작을 부각시킨다.

㉖ 我/ {给朋友} 写了 (一封)[信]。

péngyou(친구) xiě(쓰다) fēng(~통) xìn(편지)

나는 친구에게 편지를 한 통 썼다.

㉗ 我/ {马上}{给你} 打[电话]。

mǎshang(곧 바로) dǎ diànhuà(전화를 걸다)

내가 네게 곧 전화를 할게.

㉘ 爸爸/ {给我} 买了 (一本)[词典]。

bàba(아버지) mǎi(사다) cídiǎn(사전)

아버지가 나에게 사전을 한 권 사 주셨다.

강조하고자 하는 것이 「동작」이면 부사어로, 「대상」이면 보어로 쓸 수 있는데, 동사에 따라서 「给+명사성 단어」가 주로 부사어로 쓰이는 경우와 보어로 쓰이는 경우로 나눌 수 있다.

다음과 같은 「수여, 제공」의 의미를 가지는 동사는 위 예문들과 같이 주로 「给+명사성 단어」를 동사 뒤에 취한다. 즉 「동사<给>[목적어]」구조로 쓰인다.

送sòng, 卖mài, 还huán, 递dì, 交jiāo, 分fēn, 传chuán, 寄jì, 带dài, 让ràng, 留liú, 介绍jièshào, 告诉gàosu

또 「제작, 취득」의 의미를 가지는 동사는 「给+명사성 단어」를 주로 부사어로 취한다. 즉 「{给+명사성 단어}동사[목적어]」 구조로 쓰인다.

做zuò, 写xiě, 炒chǎo 买mǎi, 偷tōu

㉙ {用花纸} {给他} 做了 (一套)[衣服]。
huā(알록달록한, 꽃무늬의) zhǐ(종이) tào(~벌:옷)
꽃무늬 종이로 그에게 옷을 한 벌 지어주었다.

㉚ {情人节} {到底}{给他} 买 [什么]呢?
qíngrénjié(발렌타인 데이) dàodǐ(도대체)
발렌타인 데이 때 도대체 그에게 무엇을 사주지?

연습문제

다음 문장을 중국어로 작문하시오.

① 그는 자기의 이름을 칠판에 써놓았다.

② 그는 영원히 우리의 마음 속에 살아 있다.
yǒngyuǎn(영원히) huó(살다)

③ 엄마는 침대에서 주무신다.
shuì(잠자다) chuáng(침대)

④ 엄마는 침대에 누워계신다.
tǎng(눕다)

---

① 답 他/ {把自己的名字} 写<在>[黑板上]。
② 답 他/ {永远}活<在>(我们的)[心里]。
③ 답 妈妈/ 睡<在>[床上]。혹은 妈妈/ {在床上}睡。
④ 답 妈妈/ 躺<在>[床上]。혹은 妈妈/ {在床上}躺着。

⑤ 그는 평소 침대에서 잔다.

píngcháng(평소)

⑥ 그는 고향에 돌아 왔다.

jiāxiāng(고향)

⑦ 성적표는 이미 학생 집으로 부쳐졌다.

chéngjīdān(성적표) yǐjīng(이미) jì(부치다)

⑧ 이 자전거 너 빨리 이군에게 돌려주어라.

zìxíngchē(자전거) kuài(빠르다) huán(돌려주다)

---

⑤ 답 {平常} 他/睡<在>[床上]。
⑥ 답 他/ 回<到>了[家乡]。
⑦ 답 成绩单/ {已经}寄<到>(学生)[家里]去了。
⑧ 답 (这)自行车// 你/{快}还<给>[小李]。

⑨ 그 책을 그에게 건네주어라.

dì(건네주다)

⑩ 이 자리는 김씨에게 남겨 준다.

zuòwèi(좌석) liú(남기다)

---

⑨ 답 {把书} 递<给>[他]。

* 把 뒤에는 일반적으로 지시된 명사가 와야 하므로 대개 수량사구를 동반한다. 경우에 따라 수량사구는 없지만 수량사구가 있는 것으로 번역할 수 있다.

⑩ 답 (这个)座位/ 留<给>[老金]。

(2) 추향보어 1

추향보어(趋向补语)는 동사가 나타내는 동작의 방향과 추세를 보완해 주는 보어이다.

「걷다」라는 동작이 화자 쪽으로 진행되면 「걸어오다」가 되고, 화자 쪽에서 멀어지면 「걸어가다」가 된다. 또 화자의 위치에 따라 「걸어 올라오다」「걸어 올라가다」「걸어 내려오다」「걸어 내려가다」 등 다양하게 사용할 수 있다. 이 경우의 술어는 대개 이동동사이다.

「봐 내려가다」「살아가다」 등의 경우 「보다」「살다」는 이동동사가 아닌데 추향보어「가다」와 결합되기도 한다. 이 경우는 「방향」이 아니라, 「추세」를 나타내기 때문에 「추세, 방향」을 합하여 추향보어라고 하는 것이다.

추향보어는 방향동사로 이루어진다. 술어는 주로 동사이며 형용사가 올 수도 있다. 술어가 동사인 경우 이동이나 동작을 나타내는 동사가 대부분이다.

이러한 술어에 방향동사가 추향보어로 붙는다. 방향동사는 제1부류와 제2부류 동사로 나눌 수 있다.

제1부류 방향동사는 「来(오다)」·「去(가다)」로 화자를 중심으로 「가까워지고/멀어지고」만 나타낸다. 제2부류 방향동사는 「上(shàng오르다)」·「下(xià내리다)」·「进(jìn들다)」·「出(chū나다)」·「起(qǐ일이나다)」·「回(huí돌다)」 「过(guò지나다·넘다)」·「开(kāi 멀어지나)」 등이다.

추향보어의 단순형식은 「술어 + 1부류 방향동사」 혹은 「술어 + 2부류 방향동사」이다. 보어로 쓰인 방향동사는 모두 경성이다.

走<来> zǒu · lai (걸어오다)

跑<去> pǎo · qu (달려가다)

穿<上> chuān · shang (걸쳐 입다)

放<下> fàng · xia (내려 놓다)

① 她/ {安安静静地}走<来>了，{又}{安安静静地}走<开>了。

ānanjìngjìng(조용하다)

그녀는 조용히 걸어왔다가 또 조용히 걸어 나갔다.

② 他/ {向前}跑<去>了。

xiàng(~를 향해) qián(앞) pǎo(뛰다)

그는 앞으로 뛰어 갔다.

③ {快} 穿<上> [雨衣]吧！

kuài(빠르다) chuān(입다) shàng(위:결과보어) yǔyī(비옷)

빨리 비옷을 입어라!

④ 放<下> [书包]。

fàng(내리다) shūbāo(책가방)

책가방을 내려놓아라.

⑤ 他/ 戴<上>了 (白色的)[帽子]。

dài(쓰다) báisè(흰색) màozi(모자)

그는 흰색 모자를 썼다.

⑥ 他/ 说<出> (一个)[秘密]。

shuō(말하다) mìmì(비밀)

그는 비밀 하나를 털어놓았다.

⑦ 打<开> [课本]。

dǎkāi(열다) kèběn(교과서)

교과서를 펴세요.

제1부류 방향동사 「来(오다)」·「去(가다)」를 추향보어로 취하는 문장에서 목적어가 있는 경우, 목적어가 추상명사이거나 실현된 동작을 표현할 때는 「동사+来/去+(了)+목적어」이다. 즉 「술어+보어」 사이에 다른 성분이 잘 오지 않는다. 그러나 목적어가 처소사이거나 혹은 명령문 등 아직 실현되지 않은 동작을 표현할 때는 「동사+목적어+来/去」가 된다. 즉 「술어+보어」 사이에 다른 성분이 올 수 있다. ☞151쪽 추향보어2 참조.

⑧ 带<来>了 [困难]。 (추상명사 목적어)

dài(가져오다) kùnnán(어려움)

어려움을 가져 왔다.

⑨ 他/ 送<来>了 (一个)[箱子]。 (실현된 동작)

sòng(보내다) xiāngzi(상자)

그는 상자 하나를 보내왔다.

※ 실현되지 않은 동작의 경우 →151쪽 ③

⑩ 我们/ 派<去>了 (一个)[记者]。

pài(파견하다) jìzhě(기자)

우리는 기자 한 명을 보냈다.

⑪ 他/ 带<去>了 (5万)[美元]。

그는 5만 달러를 가져 갔다.

추향보어의 복합형식은 「술어+ 2부류 방향동사+ 1부류 방향동사」이다. 이 경우의 방향동사도 모두 경성으로 발음된다.

走<进来> zǒu · jin · lai (걸어 들어오다)
走<进去> zǒu · jin · qu (걸어 들어가다)
跑<上来> pǎo · shang · lai (달려 올라오다)
跑<下去> pǎo · xia · qu (달려 내려가다)
搬<出来> bān · chu · lai (옮겨 내어오다)
送<出去> sòng · chu · qu (내 보내다)
寄<回去> jì · hui · qu (되돌려 부치다)

⑫ (等电梯的)人/ {太}多了，咱们/ 走<下去>吧。
dĕng(기다리다) diàntī(엘리베이트)
엘리베이트를 기다리는 사람이 너무 많다. 우리는 걸어 내려가자.

⑬ 谁/ {从门口} 跑<过去>了?
shéi(누구) cóng(~에서부터) ménkǒu(입구)
누가 입구에서 뛰어서 지나갔지?

⑭ {把那个杯子} 递<过来>。
bēizi(잔, 컵) dì(건네주다) guolai(추향보어)
그 잔을 건네 다오.

⑮ 汽车/ {从车库} 开<出来>了吗?
qìchē(자동차) chēkù(차고) kāi(운전하다)
자동차가 차고에서 나왔는가?

⑯ 前边/ 开<过来> (一辆)[出租汽车]。☞228쪽 존현문

qiánbiān(앞) kāi(운전하다) liàng(~대) chūzūqìchē(택시)

앞에 어떤 택시 한 대가 왔다.

⑰ ***因为*** {不}跳<回去>, 我/ {就}{不}{能} 下<去>。

yīnwèi(접 왜냐하면) tiào(뛰다) jiù(그러면)

(제자리로) 뛰어서 돌아가지 않으면 나는 내려 갈 수 없다.

⑱ 站<起来>说吧。☞212쪽 연동문

zhàn(일어서다) qilai(추향보어) shuō(말하나)

일어나서 말해라.

추향보어 복합형식 「下去」는 술어가 「看(보다)」·「活(살다)」 등 비이동 동사일 경우 「지속성」을 나타낸다. 또 「起来」는 「시작 · 집중」등을 표현한다. 예를 들면

看<下 去>

읽어 내려가다. (=계속 읽다)

⑲ 你/ {还}{会} 看<下去>吗?

hái(그래도, 여전히)

너는 그래도 계속 봐 내려갈 수 있겠니?

⑳ 活<下去>

살아 (내려) 가다 (=계속 살다)

㉑ 想想【{怎么}活<下去>】吧。

xiǎng(생각하다) huó(살다)

어떻게 살아갈 지 생각 좀 해 봐라.

㉒ 我/ {应该} 坚持<下去>。

yìnggāi(마땅히 ~해야 하다) jiānchí(견지하다)

나는 마땅히 계속 견지해 나가야 한다.

㉓ 礼堂里/ {一直}{没有} 安静<下来>。

lǐtáng(강당) yīzhí(줄곧) ānjìng(조용하다)

강당 안은 좀처럼 조용해지지 않았다.

㉔ 他/ {刚}进[门], (电话)铃/ {就}响<起来>了。

gāng(막) jìn(들어오다) mén(문) diànhuà(전화) líng(벨)

jiù(바로) xiǎng(울리다) qilai(추향보어)

그가 막 문에 들어서자 전화벨이 울리기 시작했다.

이외에도 「来」나 「起来」가 「看 · 说 · 听 · 想」 등의 동사 뒤에 와서 「~하자니」 · 「~하기에는」 등의 의미로 쓰인다.

㉕ (这个)人/ 看<来> {不}{太} 像(个)[学生]。

tài(너무) xiàng(닮다)

이 사람은 보아하니 그다지 학생 같지 않다.

㉖ 说<起来>容易, ***但*** 做<起来> {并}{不}容易。

shuō(말하다) róngyì(쉽다) dàn(접그러나) zuò(하다)

bìng(결코)

말하기에는 쉽지만 하기에는 결코 쉽지 않다.

연습문제

다음 문장을 중국어로 작문하시오.

① 난 돌아가야겠어, 나중에 다시 너희들을 보러 올게.
yào(해야 하다) huí qu(돌아가다) yǐhòu(나중에) zài(다시)

② 시간이 늦었다. 난 돌아가야 해.
shíjiān(시간) zǎo(이르다) gāi(~해야 하다) huí qu(돌아가다)

③ 겨울방학 때 넌 아버지에게 무슨 선물을 가지고 (돌아)갔니?
hánjià(겨울방학) gěi(~에게) fùqīn(아버지) dài(가지다) lǐwù(선물)

④ 나는 중국그림 한 장을 가지고 돌아갔다.
dài huíqu(가지고 돌아가다) huàr(그림)

---

① 답 我/ {要}回<去>了, {以后}{再}来看[你们]。
② 답 时间/{不}早了, 我/{该}回<去>了。
③ 답 {寒假} 你/{给父亲}带<回去>了(什么)[礼物]?
④ 답 我/ 带<回去>了 (一张)(中国)[画儿]

⑤ 당신의 그림이 벽에서 떨어졌습니다.

huàr(그림) qiáng(벽) diào(떨어지다)

⑥ 그는 이미 그곳에서 이사해 나왔다.

yǐjīng(이미) cóng(~에서) bān(이사하다) chulai(나오다)

⑦ 네 짐은 되가져왔니?

xíngli(짐) qǔ(가지다) huilai(돌아오다)

⑧ 네가 산 옷을 꺼내 와라.

mǎi(사다) yīfu(옷) ná(가지다) chulai(나오다)

---

⑤ 답 (你的)画儿/ {从墙上}掉<下来>了。
⑥ 답 他/ {已经}{从那儿}搬<出来>了。
⑦ 답 (你的)行李/ 取<回来>了吗?
⑧ 답 {把你买的衣服}拿<出来>。

⑨ 빨리 그 책을 되돌려 놓아라.

shū(책) fàng(놓다)

⑩ 너 어떻게 또 오리털파카를 사왔니?

zěnme(어떻게) yòu(또) mǎi(사다) yǔróngfú(오리털파카)

⑪ 앞에서 어떤 사람 한 명이 뛰어 온다.

pǎo(달리다, 뛰다)

---

⑨ 답 {快}{把那本书}放<回去>。

⑩ 답 你/{怎么}{又}买<来>(一件)[羽绒服]?

⑪ 답 前面/跑<过来>(一个)[人]。

(3) 가능보어

가능보어(可能补语)는 일반적으로 「술어+결과/추향보어」 사이에 「得」이나 「不」를 삽입하여, 그 술어가 나타내는 동작·행위가, 보어가 의미하는 바(결과/추향)의 목적을 달성할 수 있는지 여부를 표현한다. 다시 말하면 가능보어는 주관적인 능력을 나타내거나, 객관적 조건이 갖추어져서 보어가 의미하고 있는 결과를 실현시킬 수 있는 지를 나타낸다. 예를 들면

① 我/ 洗<干净> (这件)[衣服]了。 (동사+결보)
xǐ yīfu(빨래하다) gānjìng(깨끗하다: 결과보어)
나는 이 옷을 깨끗이 빨았다. (옷을 빤 결과 아주 깨끗해졌다)

② 我/ 洗<**得**干净> (这件)[衣服]。 (동사+得+결보)
나는 이 옷을 깨끗이 빨 수 있다. (옷을 빨되 깨끗하게 빠는 목적을 달성할 수 있다)

③ 我/ 洗<**不**干净> (这件)[衣服]。 (동사+不+결보)
나는 이 옷을 깨끗이 빨 수 없다. (옷을 빨 수는 있으깨끗하게 하는 목적은 달성할 수 없다)

④ 我/ 跳<过去>。 (동사+추보)
tiào(뛰다) guòqù(지나가다)
나는 뛰어서 건너갈게.

⑤ 我/ 跳<得过去>。 (동사+得+추보)
나는 뛰어서 건널 수 있다.

⑥ 我/ 跳<不过去>。 (동사+不+추보)

나는 뛰어서 건널 수 없다.

(뛸 수는 있으나, 능력 부족 혹은 개천이 너무 넓어서 건너가는 목적은 달성할 수 없다)

위 예문들은 주관적인 능력이나 객관적인 조건이 구비되어 「洗」해서 「干净」하게 할 수 있는지, 「跳」해서 「过去」할 수 있는지 그 가능성 여부를 나타낸다. 가능보어에서는 得과 不는 경성이지만, 得과 不 다음의 보어는 모두 제 성조로 발음해야 한다.

다음 대화문을 보면 가능보어의 용법을 좀더 쉽게 이해할 수 있나.

⑦ A: (地图上的)字// 你/看<得清楚>看<不清楚>?

dìtú(지도) qīngchǔ(또렷하다)

지도 위의 글자는 너는 또렷하게 볼 수 있느냐?

B: 我/ {没}戴 [眼镜], 看<不清楚>。

dài/yǎnjìng(안경을 끼다)

나는 안경을 끼지 않아서 또렷하게 볼 수 없어요.

⑧ A: (今天的)作业/, {两个小时} 作<得完>作<不完>?

오늘 숙제는 두 시간에 다 할 수 있느냐?

B: 作业/ {不}{太}多, 我/想【{两个小时}作<得完>】。

숙제가 그다지 많지 않아서 저는 두 시간에 다 할 수 있다고 생각해요.

⑨ A: (这个)山坡// 爷爷/ 上<得去>吗?
shānpō(언덕) yéye(할아버지)
이 언덕은 할아버지께서 올라갈 수 있을까?

B: 他// 年纪/大了, 上<不去>。
할아버지는 연세가 많으셔서 올라가실 수 없어.

⑩ A: (这么大的)箱子//, 你/ 搬<得上去>吗?
xiāngzi(상자) bān(옮기다)
이렇게 큰 상자는 네가 위로 옮길 수 있겠니?

B: 没[问题], 我/ {一个人} 搬<得上去>。
문제 없어요. 저 혼자서 위로 옮길 수 있어요.

⑪ A: 你/ {为什么}{不} 放<进>[衣柜里]?
yīguì(옷장)
너는 왜 옷장 안에 넣지 않니?

B: 箱子/{太}大了, 衣柜里/ 放<不进去>。
상자가 너무 커서 옷장 안에는 넣을 수 없다.

⑫ A: (这座)山// 咱们/ {一个小时} 爬<得上去>吗?
이 산은 우리가 한 시간에 올라갈 수 있을까?

B: {平时}锻炼/ {不}够, 我/看【{一个小时}爬<不上>】。
píngshí(평소) duànliàn(운동하다) gòu(동 충분하다)

kàn(~라고 생각하다)

평소 운동이 부족하여 내가 보기엔 한 시간에 올라갈 수 없다.

⑬ A: (这个)菜/ {不}{够} 咸, 咱们/ 去[厨房]拿(点儿)[盐]吧。

gòu(부 충분히) xián(짜다) chúfáng(부엌) yán(소금)

이 음식은 덜 짜니 우리 부엌에 가서 소금을 조금 가져오자.

B: (厨房的)门/ 锁着, 进<不去>。

suǒ(잠그다)

주방의 문이 잠겨 있어서 들어갈 수 없다.

⑭ A: {这么}{晚}{才}睡, {六点}你/ 起<得来>吗?

이렇게 늦게 잠을 자니, 6시에 너는 일어날 수 있겠니?

B: 起<得来>。

일어날 수 있어요.

가능보어는 긍정형과 부정형이 다 있지만, 실제로는 주로 부정형이 쓰인다.

⑮ 英文/ {为什么} 看<得懂> {却}听<不懂>呢?

yīngwén(영문) wèishénme(왜) dǒng(이해하다)

què(오히려)

영어는 왜 봐서 이해할 수 있어도 들어서는 이해하지 못하는가?

⑯ {上课的时候} 她/听<不清楚> (老师讲的)[内容]。

shàng/kè(수업을 하다) shíhou(때) qīngchǔ(분명하다)

jiǎng(강의하다) nèiróng(내용)

수업 할 때 그녀는 선생님이 수업하시는 내용을 분명하게 알아 들을 수 없다.

⑰ {想}说(点)[什么], ***但*** {又}说<不出来>。

xiǎng(~하려 하다) shuō(말하다)

diǎn(조금: 一가 생략된 경우) dàn(접 그러나) yòu(또)

무엇인가를 좀 말하고 싶어도 말을 꺼낼 수가 없다.

⑱ 我/ {太}累了, 走<不动>了。

tài(너무) lèi(지치다) zǒu(걷다) dòng(움직이다)

난 너무 지쳐서 걸음을 뗄 수가 없다.

⑲ (这件)衣服/ {太}贵, 我/ 买<不起>。

guì(비싸다) mǎi(사다) qǐ(추향보어)

이 옷은 너무 비싸서 난 살 수가 없다.

* 추향보어 起는 경제사정상 가능여부를 의미함.

긍정형은 의문문과 그 대답, 혹은 가정문에 주로 쓰인다.

⑳ (我写的)字//, 你/ 看<得懂>吗?

xiě(쓰다) zì(글자) dǒng(이해하다)

내가 쓴 글자는 네가 알아볼 수 있느냐? (봐서 이해할 수 있느냐?)

㉑ (我说的)话//, 你/ 听<得懂>吗?

shuō huà(말을 하다)

내가 한 말을 너는 알아들을 수 있느냐? (듣고 이해할 수 있느냐?)

㉒ ***如果***{能}说<得出来>, 我/ {早}{就} 说<出来>了。

rúguǒ(접 만일) zǎo(이르다) jiù(곧)

만일 말을 꺼낼 수 있었다면 일찌감치 말을 꺼냈을 것이다.

가능보어의 긍정형은 오히려 「能(可以)+동사+결·보/추·보」의 형식이 더 잘 쓰인다.

㉓ 他/ {能}跳<过去>吗?

그는 뛰어서 건널 수 있느냐?

㉔ 他/ {能}跳<过去>。

그는 뛰어서 건널 수 있다.

가능보어는 위의 형식 외에도 「~不了」와 「~不得」의 형식이 있다. 이 형식은 주로 부정형으로만 사용된다. 「~不了」는 주로 주관적 능력이나 객관적 조건의 제한으로 불가능함을 나타내고, 「~不得」은 이치상으로 허용되지 않음을 나타낸다.

㉕ {别}管[我]了, 你/ 管<不了>。

bié(~하지 마라) guǎn(관여하다)

상관하지 마, 네가 상관할 수도 없어.

㉖ {今天}下[雨], 开<不了>[运动会]。

jīntiān(오늘) yǔ(비) kāi(열다) yùndònghuì(운동회)

오늘 비가 오니 운동회를 열 수 없다.

㉗ (这种)书/ 看<不得>。

zhǒng(~종류의) shū(책)

이런 책은 보아서는 안 된다.

가능보어의 긍정형은 「得」자로 유도된다는 점에서 정도 · 양태보어와 형식상 유사하여 간혹 혼동을 일으킨다. 그러나 우선 가능보어의 긍정형은 의문문을 제외하고는 잘 쓰이지 않고, 술어(동사)에 결과보어나 추향보어가 결합된 경우에만 나타날 수 있기 때문에, 「得」 뒤에 결과보어나 추향보어로 잘 쓰이는 「完 · 到 · 着 · 住…/来 · 去 · 上 · 下…」 등이 오며, 술어와 보어 사이에 「得/不」 이외의 다른 어떤 성분도 낄 수 없다.

반면 정도보어는 보어의 유형이 간단하여 쉽게 구별이 된다.(184쪽 정도보어 참조) 양태보어는 보어로 대개 형용사구 · 동사구 등 비교적 긴 어구가 오며, 또 「술어+得」와 보어 사이에 휴지(休止)를 넣을 수 있고, 심지어 보어를 생략하여 뒤에 무슨 말이 나올까 기대하게 할 수도 있다. 이 외에도 목적어의 위치나 부정문일 때 부정소 「不」의 위치, 반복의문문 경우 차이가 난다.
(☞186쪽 양태보어 참조)

㉘ 我/ 洗<不干净> (这件)[衣服]。 (가능보어)

나는 이 옷을 빨아서 깨끗하게 만들 수 없다.

㉙ 我/ 洗 (这件)[衣服] 洗得 <很干净>。 (양태보어)

나는 이 옷을 아주 깨끗이 빨았다.

㉚ 我/ 洗 (这件)[衣服] 洗得 <不干净>。 (양태보어)

나는 이 옷을 깨끗하게 빨지 못했다. (빨았는데 깨끗하게 되지 않았다)

㉛ 你/ 洗<得干净>洗<不干净>(这件)[衣服]? (가능보어)

너는 이 옷을 빨아서 깨끗이 만들 수 있느냐?

㉜ (那件)衣服// 你/ 洗得 <干净不干净>? (양태보어)

그 옷은 너는 깨끗이 빨았느냐?

연습문제

다음 문장을 중국어로 작문하시오.

① 이 연극 어떻니? 너 봐서 알겠니?
xì(연극) dǒng(이해하다)

② 내 비행기표를 찾을 수 없다.
fēijī(비행기) piào(표) zhǎo(찾다)

③ 네 목소리가 너무 작아서 난 정말 들리지 않는다.
shēngyīn(소리) tài(너무) xiǎo(작다) jiǎnzhí(정말)

④ 이 큰 교실은 사람 백 여 명이 앉을 수 있다.
jiàoshì(교실) zuò(앉다) lái(조 어림수 표시)

---

① 답 (这个)戏/ 怎么样? 你/看<得懂>吗?
② 답 (我的)(飞机)票/ 找<不着>了。
③ 답 (你的)声音/ {太}小了, 我/ {简直}听<不见>。
④ 답 (这个)(大)教室/ 坐<得下>(一百来 个)[人]。

⑤ 이런 버스는 사람 30명이 앉을 수 있다.
zhǒng(종류) gōnggòng(구별사: 공공의) qìchē(자동차)

⑥ 너희들이 만일 다 온다면, 아마도 (넉넉하게) 머물 수 없을 거야.
rúguǒ(접 만일) kǒngpà(아마) zhù(머물다)

⑦ 이 사무실은 그리 큰 셈이 아니어서 탁자 네 개와 의자 네 개만 넣을 수 있다.
bàngōngshì(사무실) suàn(~셈이다) zhǐ(단지) fàng(넣다)

⑧ 연구라고까지 할 수 없습니다. 취미에 불과합니다.
shuō(말하다) yánjiū(연구하다) bùguò(부 ~에 불과하다)
àihào(취미) bàle(조 ~뿐이다)

---

⑤ 답 (这种)(公共)汽车/ 坐<得下>(三十个)[人]。
⑥ 답 你们/ ***如果*** {都}来, {恐怕}住<不下>。
⑦ 답 (这个)办公室/ {不}算[大], {只}放<得下>(四张)[桌子]、(四把)[椅子]。
⑧ 답 说<不上>[研究], {不过}是(一种)[爱好]***罢了***。

⑨ 그는 친구를 마중하러 공항에 가야 되기 때문에 너한테 갈 수가 없게 되었다.

fēijīchǎng(공항) jiē(마중하다)

⑩ 이 몇 안 되는 일은 그들이 충분히 할 수 있다.

diǎnr(양사: 적은 수 표시) shì(일)

⑪ 난 정말 이젠 못 움직이겠다!

jiǎnzhí(정말) dòng(움직이다)

⑫ 이렇게 많은 곳은 하루에 다 못 다닌다.

dìfang(곳) kě(부 확실히) pǎo(달리다)

---

⑨ 답 他/{要}去[飞机场]接[朋友], 他/去<不了>(你)[那儿]了。
⑩ 답 (这点儿)事//他们/做<得来>。
⑪ 답 我/ {简直}动<不了>了！
⑫ 답 (这么)(多)地方/, {一天}{可}跑<不过来>。

⑬ 이렇게 많은 곳을 내가 하루에 어떻게 다 다니겠는가.

⑭ 이렇게 많은 곳을 다 다닐 수 있니?

---

⑬ 답 (这么)(多)地方//, 我/ {一天}{怎么}跑<得过来>。
⑭ 답 (这么)(多)地方/跑<得过来>吗?

(4) 비교수량보어

비교수량보어(比较数量补语)는 주로 比-비교문의 형용사 뒤에서 비교의 결과를 나타낸다.

① 我/ {比他} 大<两岁>。
suì(양사: 나이)
나는 그이보다 두 살 많다.

② (今年的)产量/ {比去年} 多<一倍>。
chǎnliàng(생산량) bèi(양사 :~배)
올해 생산량은 작년에 비해 한 배 많다.

③ (我们班的)学生/ {比你们班} 少<五个>。
우리 반의 학생은 너희 반에 비해 5명 적다.

④ 他/ {比你} 高<一点儿>, 胖<一点儿>。
pàng(형 뚱뚱하다)
그는 너보다 키가 좀 크고, 몸집이 좀 뚱뚱하다.

⑤ 我/ {比他} 多<一点儿>。
난 그 사람보다 좀 많다.

또 형용사 뒤에서 이전보다 정도의 변화가 조금 있음을 나타내기도 한다.

⑥ 大家/ 轻松<一点儿>吧。
qīngsòng(형 느긋하다. 부담이 없이 편안하다)
모두들 좀 여유를 가져라.

⑦ {今天} 我/ 好<点儿>了。

오늘 난 조금 좋아졌다.

⑧ 我/ 希望【(那些)朋友/ {能}过得<好点儿>】。

xīwàng(~를 바라다)

난 저 친구들이 좀 잘 지낼 수 있기를 바란다.

2) 「술어+보어」 사이에 다른 성분이 올 수 있는 경우

(1) 추향보어 2

목적어가 처소사이거나 혹은 명령문 등 아직 실현되지 않은 동작을 표현할 때는 「동사+목적이+来/去」가 된다. 즉 「술어+보어」 사이에 다른 성분이 올 수 있다.[1]

① 他/ 回[家]<去>了。 (장소 목적어)

그는 집으로 돌아 갔다.

② {给他} 送(一个)[箱子]<去>。 (명령문)

sòng(보내다) xiāngzi(상자)

그에게 상자 하나를 보내라.

③ {明天} 我/ {要}{给他} 送(一个)[箱子]<去>。 (실현되지 않은 동작)

내일 나는 그에게 상자 하나를 보내려 한다.

---

1) 제1부류 방향동사 「来(오다)」·「去(가다)」를 추향보어로 취하는 문장에서 목적어가 있는 경우, 목적어가 추상명사이거나 실현된 동작을 표현할 때는 「동사+来/去+(了)+목적어」이다. 즉 「술어+보어」 사이에 다른 성분이 잘 오지 않는다. ☞ 129쪽 추향보어1 참조.

추향보어의 복합 형식에서 목적어가 있을 경우, 대개 보어 사이에 오거나 보어 뒤에 온다. 단 목적어가 장소 명사일 경우에는 반드시 추향보어 복합형식 사이에 와야 한다. 또 목적어에 여러 수식어가 붙어 복잡하고 긴 경우에는 보어 다음에 온다.

④ 他/ 走<出>[教室]<来>。
그는 교실에서 걸어 나온다.

⑤ {刚才} 他/跑<上> (九)[楼]<去>了。
gāngcái(방금) cái(비로소) pǎo(뛰어가다) lóu(층)
방금 그는 9층으로 뛰어 올라갔다.

⑥ (这种)汽车/ {能} 开<上>[山]<去>吗?
zhǒng(~종류의) qìchē(자동차) kāi(운전하다)
이런 자동차는 산으로 올라갈 수 있느냐?

⑦ 我们/ 跳<下>[水]<去>看看吧。
tiào(뛰다) shuǐ(물)
우리 물에 뛰어 들어가서 좀 살펴보자.

⑧ 拿<起>[教案] 走<进>[教室]<去>上[课]。 ☞ 212쪽 연동문
ná(들다) qi(추향보어) jiào'àn(교안)
jiàoshì shàng/kè(수업을 하다)
교안을 들고 교실로 걸어 들어가서 수업을 한다.

(2) 동량보어

동량보어(动量补语)는 동사 뒤에서 동작 · 행위가 진행된 횟수를 표시한다. '두 번 읽다, 세 번 쓰다'에서 밑줄 친 부분이 이에 해당된다.

동작의 횟수를 표시하는 동량보어는 「次cì, 遍biàn, 趟tàng, 下xia, 回huí」등의 전용동량사(专用动量词)와 「口kǒu, 眼yǎn, 脚jiǎo, 声shēng」 등의 차용(借用)동량사가 있다. 차용동량사는 「一口:(입으로)한번, 一眼(눈으로)한번, 一脚(발로)한번, 一声한마디」와 같이 우리말로 대개 '~번'으로 해석할 수 있지만 사용되는 경우는 제한적이다. 전용동량사도 대부분 '~번'으로 해석되지만 주로 같이 쓰이는 동사나 의미하는 바가 조금씩 서로 다르기 때문에 사전을 참고하여 차이를 파악해 두어야 한다.

① 上海// 我/ 去过<两次>。
cì(~번)
상하이는 나는 두 번 간 적이 있다.

② (那本)书// 我/ 看过<三遍>。
shū(책) biàn(~번)
* 遍: '처음부터 끝까지', '두루두루'의 의미를 가짐. 주로 책을 통독한 횟수를 나타냄.
그 책은 난 세 번 보았다.

'사과 한 개, 소 한 마리' 등의 명사의 수를 표시하는 명량사(名量词)는 주로 관형어가 되지만, '한 번 가다, 두 번 먹다' 등의 동작의 횟수를 나타내는 동량사는 부사어나 보어로 분류된다.

동사 뒤에 명량사만 오는 경우 명량사는 동작의 횟수가 아니라 양을 나타내기 때문에 목적어가 된다. 동량사가 부사어가 될 때는 그 동작의 횟수로 어떻게 한다는 배경 설명을 나타내지만, 보어로 쓰일 때는 그 동작이 진행된 횟수를 나타낸다.

③ 我/ 看过 (那三本)[小说]。
xiǎoshuō(소설)
나는 그 세 권의 소설책을 보았다.

④ 你们/ 学了 (多少)(个)[汉字]了?
xué(배우다) duōshao(얼마) hànzì(한자)
너희는 한자를 얼마나 배웠니?

⑤ 我们/ 学了 [八百多个]了。
우리는 800 여개를 배웠다.

⑥ 我/ {一口} 喝<完>了。(부사어)
kǒu(~입: 동량사) hē(마시다) wán(결과보어)
나는 (입으로) 한 번에 다 마셨다.

⑦ 我/ 喝了<几口>。(보어)
jǐ(몇)
나는 (입으로 몇 번) 몇 모금 마셨다.

예문②는 동량사를 보어로 취해서 동작의 횟수를 나타낸 반면, 예문③은 명량사를 관형어로 취해서 명사의 양을 나타내고 있다. 예문⑤는 예문④에서 중심어가 생략되고 관형어였던 명량사가 목적어로 동작의 양을 나타내고 있다.

예문 ⑥은 동량사가 부사어로 쓰여져서 마시는 동작이 한 입에 이루어진 배경설명이지만, 예문⑦는 마시는 동작이 진행된 횟수를 나타낸다.

동량보어는 목적어와 같이 쓰일 때, 목적어의 위치가 경우에 따라 다르다. 일반적으로 목적어가 인칭대명사이거나 보어가 차용동양사일 때는 목적어가 보어 앞에 위치한다.

⑧ (那个)人/ 骗过[我]<一回>。
piàn(속이다) huí(~번)
그 사람은 나를 한 번 속인 적이 있다.

⑨ 你/ {去的时候}, 告诉[我]<一下>。
shíhou(때) gàosu(알리다) yīxià(한번)
네가 갈 때 나에게 한 번 알려다오.

⑩ {明天} {再}通知[我]<一声>。
míngtiān(내일) zài(다시) tōngzhī(통지하다)
shēng(차용양사)
내일 다시 내게 한 번 알려다오.

⑪ 我/ 踢了[书包]<几脚>。
tī(차다) shūbāo(책가방) jiǎo(차용동량사)
나는 책가방을 (발로) 몇 번 찼다.

목적어가 일반 사물 명사일 때는 목적어가 보어 뒤에 온다.

⑫ {来北京以后} 你/ 看了<几次> [杂技]?

yǐhòu(이후) zájì(서커스)

베이징에 온 이후 너는 서커스를 몇 번 보았니?

⑬ 我们/ 听了<几次> (那首)[歌]。

shǒu(양사: 곡) gē(노래)

우리는 그 노래를 몇 번 들었다.

⑭ 我/ {仔细地} 研究了<一番> (中国)[地图]。

zǐxì(자세하다) yánjiū(연구하다)

fān(~번: 비교적 긴 시간을 요구하는 일) dìtú(지도)

나는 자세하게 중국지도를 한 차례 살펴보았다.

⑮ {用袖子}擦了<一下>[眼泪]。 (일반 사물 명사)

yòng(쓰다) xiùzi(소매) cā(닦다) yǎnlèi(눈물)

소매로 눈물을 한 번 닦았다.

그 밖의 인명, 지명 및 사람에 대한 칭호가 목적어가 되는 경우 목적어는 보어 앞이나 뒤에 다 올 수 있다.

⑯ {昨天} 我/ 找过<三次>[老师]。

={昨天} 我/ 找过[老师]<三次>。

zhǎo(찾다)

어제 난 선생님을 세 번 찾았었다.

⑰ 你/ 来过<几次>[韩国]?

=你/ 来过[韩国]<几次>?

당신은 한국에 몇 번 온 적이 있습니까?

⑱ 我/ {前年} 去过[北京]<一次>。

=我/ {前年} 去过<一次>[北京]。

나는 재작년에 베이징에 한 번 간 적이 있다.

연습문제

다음 문장을 중국어로 작문하시오.

① 경주는 또 한 번 더 가고 싶니?
Qìngzhōu(경주) hái(역시) xiăng(하고 싶다)

② 그는 방금 나를 한 번 보았다.
gāngcái(방금) yăn(눈으로 ~번: 차용동량사)

③ 그는 아주 진지하게 한 차례 연구했다.
rènzhēn(진지하다) yánjiū(연구하다) fān(동량사)

④ 여기는 나는 몇 번 왔었다.

⑤ 나에게 자세하게 한 번 소개했었다.
xiàng(~에게) xiángxì(상세하다) jièshào(소개하다)

---

① 답 庆州/ {还}{想}去<一次>吗?
② 답 他/{刚才} 看了[我]<一眼>。
③ 답 他/{很认真地} 研究了<一番>。
④ 답 这里// 我/来过<几次>。
⑤ 답 他/{向我}{详细地} 介绍过<一次>。

(3) 시량보어

시량보어(时量补语)는 동사 뒤에서 동작·행위가 진행된 시간을 표시한다. '두 시간 동안 공부하다, 석 달 동안 배우다'에서 밑줄 친 부분이 이에 해당된다.

시량보어에는 자신이 양사로 활용되어 양사 없이 쓰이는「一年nián, 一天tiān, 一分fēn(钟zhōng), 一秒miǎo(钟)」과 양사「个」를 동반하여「一个月yuè, 一个星期xīngqī, 一个小时xiǎoshí,一个钟头zhōngtou」등이 있다.

① 他/{在中国} 住了<四 年>。
zhù(거주하다)
그는 중국에서 사 년 동안 살았다.

② 我/{想}{好好}睡<一天>。
shuì(자다)
나는 하루 동안 푹 자고 싶다.

③ {每天}{大约} 走<几分钟以上>,{才} 有 [效果]呢?
měitiān(매일) dàyuē(대략) zǒu(걷다) cái(비로소)
xiàoguǒ(효과)
매일 대략 몇 분 이상 걸어야 효과가 있나요?

④ 盯<住>(爸爸的)[脸] 看了<几秒钟>。
dīng(주시하다) zhù(결과보어) liǎn(얼굴)
아빠의 얼굴을 뚫어져라 몇 초 동안 주시했다.

⑤ 我们/ {已经} 学习了<三个月>。

yǐjīng(이미) xuéxí(공부하다)

우리는 이미 석 달 공부했다.

⑥ 我们/ {可以} 休息<几分钟>?

kěyǐ(할 수 있다: 허가) xiūxi(휴식하다)

우리는 몇 분 동안 쉴 수 있나요?

⑦ 我们/ {晚}来了<一个星期>。

wǎn(늦다) xīngqī(주일)

우리는 한 주일 늦게 왔다.

「잠시」혹은 「조금(좀)」등 짧은 시간을 나타낼 경우 명사「一会儿yīhuìr」을 보어로 쓸 수 있으며, 「오랫동안」「한참 동안」 등 상당히 긴 시간임을 나타낼 때는 「半天bàntiān」을 사용한다.

⑧ 等<一会儿>。

děng(기다리다) yīhuìr(명잠시)

잠시(좀) 기다려라.

⑨ 你/ {在这儿} 等[我]<一会儿>。

너 여기서 나를 잠시(좀) 기다려라.

⑩ 我们/ 找(个)[地方]休息<一会儿>。

zhǎo(찾다) xiūxi(쉬다)

우리 어디 가서 잠시(좀) 쉬자.

⑪ 他/ {已经}{在那边} 等了<半天>了。

bàntiān(명 ①하루의 반, ②오랜 시간)

그는 이미 그곳에서 오랫동안(한참) 기다렸다.

⑫ 等了<半天> {才}上了(一个)[菜]。

děng(기다리다) cái(비로소) cài(음식, 요리)

한참 기다려서야 음식 한 가지가 나왔다.

⑬ {昨天} 我/说了<半天>, 你/ {还}{没}听<明白>呢。

shuō(말하다) míngbái(이해하다)

어제 내가 한참 동안 말했건만, 넌 아직도 알아듣지 못했구나.

⑭ 找了<半天>, {没}找<到>。

zhǎo(찾다)

한참을 찾았는데, 찾지 못했다.

동작 행위의 진행 시간을 나타내는 시량사는 부사어로 사용되기도 한다. 이 경우 진술의 초점이 동작 행위의 진행시간에 있지 않고 술어가 나타내는 동작 행위가 그 시간 내에 완성이 되는가에 있다. 이 경우 우리말로는 「~동안에」「~만에」 등 「에」가 추가된 수 있다.

⑮ 你们/ {几天} 学 [一课]? (부사어)

xué(배우다) kè(과, 단락)

너희는 며칠 동안(에) 한 과를 배우나요?

⑯ 我们/ {两天} 学 [一课]。(부사어)
우리는 이틀 동안(에) 한 과를 배운다.

⑰ 你们/ 学了<几天>? (시량보어)
너희는 며칠 동안 배웠느냐?

⑱ 我们/ 学了<两天>。(시량보어)
우리는 이틀 동안 배웠다.

목적어가 있는 경우 동사를 반복하여 뒤 동사에 보어를 붙일 수 있다. 즉「동사 [목적어] 동사<시량보어>」이다.

⑲ 他/ 写[作业] 写了<半个小时>了。
그는 숙제를 하는데 (지금까지) 반 시간 동안 하고 있다.

⑳ 我们/ 谈[话] 谈了<一个小时>。
tán huà(이야기를 나누다)
우리는 한 시간 동안 이야기를 나누었다.

㉑ 你/ 看[杂技] 看了<几个钟头>?
zájì(서커스)
너는 서커스를 몇 시간 동안 보았니?

동사를 반복하지 않을 수도 있다. 목적어가 인칭대체사일 경우에는 주로 보어 앞이다. 즉「동사 [목적어:인칭대체사] <시량보어>」이다.

㉒ 我/ 等了[你们]<一个小时>。

děng(기다리다)

나는 너희를 한 시간 동안 기다렸다.

㉓ 老师/ 找了[你]<半天>, 你/ {怎么}{还} 在[这儿]。

lǎoshī(선생님) zhǎo(찾다) bàntiān(한참)

선생님께서 너를 한참 동안 찾으셨는데, 넌 어떻게 아직 여기 있니.

목적어가 일반 사물 명사라면 주로 보어 뒤가 된다. 즉 「동사<시량보어> [목적어:일반 사물명사]」이다.

㉔ 我/ 写了<四十分钟> [汉字]。

hànzì(한자)

나는 40분 동안 한자를 썼다.

㉕ 我/ 看了<三个小时> [电影]。

diànyǐng(영화)

나는 영화를 세 시간 동안 보았다.

㉖ {为了这件事}, 我们/ 开了<一晚上>[会]。

wèile(~ 때문에, ~ 위하여) shì(일) kāi huì(회의를 열다)

이 일 때문에, 우리는 저녁 내내 회의를 했다.

위 문장은 다음과 같이 표현할 수도 있다.

㉗ 我/ 写了 (四十分钟的)[汉字]。
나는 40분 동안 한자를 썼다.

㉘ 我/ 看了 (三个小时的)[电影]。
나는 영화를 세 시간 동안 보았다.

㉙ {为了这件事}, 我们/ 开了 (一个晚上的)[会]。
이 일 때문에, 우리는 저녁 내내 회의를 했다.

목적어가 호칭이고 시량보어가 「一会儿(조금, 잠시)」, 「半天(한참)」 등일 때는 목적어의 위치는 시량보어 앞 뒤 다 될 수 있다.

㉚ 你/ 陪<一会儿>[老师]吧。
=你/ 陪[老师]<一会儿>吧。
péi(곁에서 모시다)
네가 선생님을 잠시 모셔라.

동작이 이루어진 때부터 화자가 말을 할 때까지 진행된 시간을 표현할 때 시량보어를 쓴다. 주로 우리말로 「~한 지 …이 되었다(흘렀다)」로 표현이 된다.

㉛ 他/走了 {已经}<一个月>了。
zǒu(떠나다)
그가 떠난 지 이미 한 달이 되었다.

㉜ 你/来[这儿] <多长时间>了?

duō(얼마나) cháng(길다) shíjiān(시간)

네가 여기 온 지 얼마나 되었니?

㉝ 我/{大学}毕业 {快}<五年>了。☞ 278쪽 동목이합사

dàxué(대학) bì/yè(졸업하다) kuài(빠르다)

대학을 졸업한 지 곧 5년이 된다.

㉞ 我们/结婚 {才}<两年多>。

jié/hūn(결혼하다) cái(비로소)

우리는 결혼한 지 겨우 2년 좀 넘었다.

㉟ 我/认识[他] {已经}<很久>了。

rènshí(알다) jiǔ(오래되다)

나는 그를 안 지 이미 아주 오래 되었다.

㊱ 他/{每天} 迟到<五分钟>。

měitiān(매일) chídào(지각하다)

그는 매일 5분 지각한다.

㊲ 妈妈/回<来> <　个小时>了。

māma(어머니)

어머니가 돌아오신 지 한 시간이 되었다.

연습문제

다음 문장을 중국어로 작문하시오.

① 우리는 몇 시간 (차를 타고) 더 가야 되나요?
hái(더) zuò(차를 타다)

② 우리는 차를 20분 동안 탔다.

③ 방금 나는 책가방을 한참 찾았지만 역시 못 찾았다.
gāngcái(방금) zhǎo(찾다) shūbāo(책가방) bàntiān(한참)

④ 우리는 세 시간 동안 토론했다.
tǎolùn(토론하다)

---

① 답 我们/{还}{要}坐 <几个小时>?
② 답 我们/坐[车]坐了<二十分钟>。
③ 답 {刚才}我/找[书包]找了<半天>, {也}{没}找<到>。
④ 답 我们/讨论了<三个小时>。

⑤ 그는 우리를 세 시간 동안 기다렸다.

děng(기다리다)

⑥ 난 너를 한참 동안 찾았었다.

zhǎo(찾다) bàntiān(한참)

⑦ 나는 이미 10분 동안 앉아있었다.

zuò(앉다)

⑧ 나는 영화를 두 시간 동안 보았다.

diànyǐng(영화)

---

⑤ 답 他/等了[我们]<三个小时>。
⑥ 답 我/找了[你]<半天>了。
⑦ 답 我/{已经} 坐了<十分钟>了。
⑧ 답 我/看了<两个小时>[电影]。

⑨ 네가 우리 할머니 좀 모시고 있어라.
péi(곁에서 모시다) nǎinai(할머니)

⑩ 우리가 헤어진 지 이미 일년이 넘었다.
fēn shǒu(헤어지다)

⑪ 내가 한국에 온 지도 벌써 한 달이 되었다.

⑫ 내가 초등학교를 졸업한 지 30년이 다 되어간다.
xiǎoxué(초등학교) bì/yè(졸업하다) kuài(빠르다)

---

⑨ 답 你/陪<一会儿>(我)[奶奶]吧。
=你/陪(我)[奶奶]<一会儿>吧。
⑩ 답 我们/分[手] {已经}<一年多>了。
⑪ 답 我/来[韩国] {已经}<一个月>了。
⑫ 답 我/{小学}毕业 {快}<三十年>了。

(4) 조금

「조금」은 분량(수량)이 적거나 정도가 낮은 것을 가리키기도 하고 또 시간으로 잠깐임을 의미한다. 「좀」은 「조금」의 준말이기도 하고, 또 영어의 'please'와 같이 무엇을 청할 때 말을 부드럽게 하기 위해서 쓰는 말이기도 하다. 예를 들면

유형1 관형어형

(我)这儿/ 有(一点儿)[钱]。(관형어+목적어)

=(我)这儿/ 有(点儿)[钱]。

yǒu(동 있다) diǎn(양사: 소량 표시) qián(돈)

나한테 돈이 조금(=좀) 있다. (=약간의 돈이 있다)

유형2 부사어형

(这个)问题/ {有点儿}难。(부사어+술어)

yǒudiǎnr(부 조금) nán(형 어렵다)

이 문제는 조금(=좀) 어렵다.

유형3 비교수량보어형

我/ {比他}多<一点儿>。

난 그 사람보다 좀 많다.

유형4 시량보어형

等<一会儿>。

yīhuìr(명 잠시)

조금(=좀, 잠시) 기다려라.

유형5 동사중첩형

等{一}等。 =等等。

조금(=좀, 잠시) 기다려라.

유형6 목적어형

我/ 懂[一些]了。(술어+목적어)

dǒng(동이해하다)

나는 조금(=좀) 이해했다.

유형7 대우(待遇)형

请 [给我那个]。

=给[我][那个], 好吗? *이중목적어

저것 좀 주시겠습니까.

위와 같이 우리말 「조금」과 「좀」은 중국어로 다음과 같이 표현된다.

수량이 적음 표시 ▶ (一点儿)[명] 혹은 동+[一点儿]

정도가 낮음 표시 ▶ {有点儿}형 혹은 {有点儿}동

비교결과 혹은 정도가 낮음을 표시 ▶ 형+<一点儿>

(시간) 잠깐 ▶ 동+<一会儿>이나 동사 중첩

부드러운 청유 ▶ 「请~~。」「~~, 好吗」

「有(一)点儿」와 같은 부사로 「有(一)些yǒu(yī)xie」가 있다. 수량사 「(一)点儿yīdiǎnr」외에「(一)些yīxiē」[2])가 있다. 이 경우 수사 「一」

대신에 다른 수사가 올 수 없다. 이들 단어는 모두 수사 一를 생략할 수 있으며 입말(구어)에서는 주로 생략한다.

「有点儿」과 「有些」는 부사로 형용사나 동사 앞에서 부사어로 사용되며 대개 바라지 않는 일이나 부정적인 측면을 표현할 때 사용한다. 반면「一点儿」과「一些」는 수량사구로 명사 앞에서 관형어로 사용되든지, 형용사 뒤에서 비교수량보어로 사용된다.

유형별로 좀더 많은 예문을 보자.

(가) 유형1: 관형어형

① 我/ {会}说 (一点儿)[英文]。(술어+보어)

hui(~할 수 있나) shuo(동말하다) yīngwén(영어)

나는 영어를 조금(=좀) 말할 수 있다.

② 屋里/{很}冷, {多}穿 (一点儿)[衣服]吧。

wū(방, 집) lěng(춥다) chuān(입다)

방안이 추우니, 옷을 좀 더 입어라.

③ 你/ 吃 (一点儿)[饭]吧。

너 밥 좀 먹어라.

④ 咱们/ 吃(点儿)[东西]{再}干。

zánmen(우리) dōngxi(사물) zài(다시) gàn(일하다)

우리 무엇 좀 먹고 합시다.

---

2) 어감상 「一点儿」는 「一些」보다 적은 양을 표시한다

好些(个) ＞ (一)些(个) ＞ (一)点儿

⑤ 想(点儿) (高兴 的)[事儿]。

xiǎng(생각하다) gāoxìng(기분 좋다) shì(일)

기분 좋은 일을 좀 생각해라.

⑥ 给[我](一点儿)[面子]吧。

miànzi(체면, 면목)

내 체면을 좀 살려주라.

⑦ 我/ {只}{想} 吃(点儿)[简单的]。

jiǎndān(간단하다)

난 그저 간단한 것을 좀 먹을까 해.

⑧ 我/{刚才}{已经}吃了(点儿)[东西],{现在}{还}{不}算[饿]。

gāngcái(방금전) yǐjīng(이미) suàn(~한 셈이다) è(배고프다)

나는 방금 이미 무엇을 좀 먹어서 지금은 아직 배고픈 편이 아니다.

⑨ 我/ 有(点儿)[事儿]找[你]。

zhǎo(찾다)

난 문제가 조금 있어서 너를 찾았다.

⑩ (他的)听力/ {一定}有(点儿)[问题]。

tīnglì(듣기능력) yīdìng(반드시) wèntí(문제)

그의 듣기능력은 틀림없이 문제가 좀 있다.

⑪ {最近} 出了(点儿)[问题]。

zuìjìn(요즘) chū(나오다)

요즘 문제가 조금 생겼다.

⑫ 他们之间/ 发生了(一些)[矛盾]。

fāshēng(발생하다) máodùn(문제, 충돌, 모순)

그들 사이에 문제가 좀 생겼다.

(나) 유형2: 부사어형

「有点儿」이나 「有些」는 부사 기능도 하기 때문에, 동사나 형용사 앞에서 부사어가 될 수 있다. 이 단어들은 주로 여의치 못한 일에 사용된다.

① (这家)店/ {有点儿}{不}一般。

jiā(양사: 집) diàn(상점) yībān(형 일반적이다)

이 상점은 조금 일반적이지 않다.

② (很多)考生/ 感觉【考试/{有点儿}难】。

kǎoshēng(수험생) gǎnjué(~하고 생각하다)

kǎo/shì(시험을 보다) nán(형 어렵다)

많은 수험생들이 시험이 조금 어렵다고 생각한다.

③ ***因为*** {有点儿}冷, ***所以*** 我/穿<上>[毛衣]了。

因为~所以…(접~ 때문에 …하다) máoyī(스웨터)

좀 추워서, 털스웨터를 입었다.

④ {今天} 他/ {有点儿}{不}舒服。

shūfu(편안하다)

오늘 그는 좀 몸이 불편하다.

⑤ 我/ {有点儿}{不}懂。

dǒng([동] 이해하다)

난 조금 이해를 못하겠다.

⑥ 我/ {还}{真} {有点儿}舍不得。

zhēn(정말) shěbude([동] 아쉬워하다)

나는 아직 정말로 조금 아쉬워.

⑦ {对她} {有点儿}失望。

duì(~에 대해) shīwàng([동] 실망하다)

그 여자에 대해서 조금 실망했다.

(다) 유형3: 비교수량보어형

① 他/ {比你} 高<一点儿>, 胖<一点儿>。

pàng([형] 뚱뚱하다)

그는 너보다 키가 좀 크고, 몸집이 좀 뚱뚱하다.

② 年纪/ {比他} 大<一点儿>, 人/ {比他} 高<一点儿>。

niánjì(나이)

나이는 그이보다 좀 많고, 사람은 그이보다 키가 좀 크다.

③ 大家/ 轻松<一点儿>吧

qīngsòng([형] 느긋하다. 부담이 없이 편안하다)

모두들 좀 여유를 가져라.

④ {今天} 我/ 好<点儿>了。

오늘 난 조금 좋아졌다.

⑤ 我/希望 【(那些)朋友/ {能}过得<好点儿>】。

xīwàng(~를 바라다)

난 저 친구들이 좀 잘 지낼 수 있기를 바란다.

(라) 유형4: 시량보어형

① 等<一会儿>。

yīhuìr(명 잠시)

좀 기다려라.

② 你/ {在这儿} 等[我]<一会儿>。

너 여기서 나를 좀 기다려라.

③ 我们/ 找(个)[地方]休息<一会儿>。

zhǎo(찾다) xiūxi(쉬다)

우리 어디 가서 좀 쉬자.

④ {今天} 我/{早}走<一会儿>。

zǎo(이르다)

오늘 나는 좀 일찍 갔다.

⑤ 你/ 陪<一会儿>[老师]吧。

=你/ 陪[老师]<一会儿>吧。

péi(곁에서 모시다)

네가 선생님을 잠시 모셔라.

(마) 유형5: 동사중첩형

① 我们/ 走走。
wǒmen(우리) zǒu(가다)
우리 좀 걷자.

② 你/ 试试。
shì(시험 삼아 해보다)
네가 좀 해 봐라.

③ 他/ 睡{一}睡{就}好。
shuì(잠자다) jiù(~하면 ~할 것이다) hǎo(좋다)
그는 좀 자고 나면 괜찮을꺼야.

④ 你/ {在这儿} 看看[书], 我/{马上}回<来>。
zài(~에서) shū(책) mǎshàng(곧) huí lái(돌아오다)
너는 여기서 책을 좀 보고 있어라. 나는 곧 돌아오겠다.

⑤ 你/ 教教 [他们] [汉语]。
jiāo(가르치다) Hànyǔ(중국어)
네가 그들에게 중국어를 좀 가르쳐 주어라.

(바) 유형6: 목적어형

목적어형은 관형어형에서 목적어가 생략되어 관형어가 목적어 역할을 하는 경우를 말한다. 경우에 따라 목적어를 군이 나타내지 않아도 될 경우에도 이 형식을 사용한다.

① {少} 吃 [点儿], {多} 活动 [点儿]吧。

huódòng(움직이다, 활동하다)

좀 적게 먹고, 좀 많이 움직여라.

② {再} 吃 [一点儿]吧。

좀 더 드세요.

③ {随便} 说 [点儿]吧。

suíbiàn(형 구속적이 아니다. 마음 대로) shuō(동 말하다)

생각나는 대로 좀 말씀하시지요.

④ 屋里/ {很}冷, {多} 穿 [一点儿]吧。

wū(방, 집) lěng(춥다) chuān(입다)

방안이 추우니, 좀 더 입어라.

⑤ 你/ 吃 [一点儿]吧。

너 좀 먹어라.

⑥ 咱们/ 吃[点儿]{再}干。

zánmen(우리) zài(다시) gàn(일하다)

우리 좀 먹고 합시다.

⑦ 给[我][一点儿]吧。

나에게 좀 주라.

(사) 유형7: 대우형

중국어에서 대우법(待遇法)은 우리말의 「밥」과「진지」처럼 단어를 선별해서 쓰거나, 동사「请」을 쓰는 동사술어문이나 「请[您]/술어부」 형식인 겸어문, 또 「好吗」를 부가하는 부가의문형 등 문형으로 표현하기도 한다.

① (您的)尊姓大名/是?
zūn xìng dà míng(성함: 성명의 높임말)
당신의 성함을 좀 알려주시겠습니까?

② 请[用饭]。
yòng(음식을 들다)
식사 (좀) 하세요. (진지 좀 드세요)

③ 请[您]/ 帮[忙]。
bāng/máng(돕다: 동목이합사)
당신께서 좀 도와주십시오.

④ {到时候} 您/ 告诉[我]<一声>, 好吗?
shíhou(때) gàosu(알려주다) yīshēng(차용동량사:한번)
때가 되면 당신이 제게 좀 한 번 알려주시겠습니까?

(아) 기타

이 7가지 유형 외에도 「조금」이 부정문에 사용되어 「조금도

~하지 않다」인 경우 「{一点儿}{也or都}{不}」의 형식으로 사용된다.[3)]

① 我/ {一点儿}{都} {不}觉得[累]。
juédé(~라고 생각하다) lèi(피곤하다)
난 조금도 피곤하다고 생각하지 않는다.

② {一点儿}{也}{不}高兴。
조금도 기쁘지 않다.

---

3) 「一些」는 일반적으로 부정문에는 사용되지 않으며, 대상이 사람인 경우 「有(一)点」보다 「有(一)些」를 주로 사용하고, 한다.

연습문제

다음 문장을 중국어로 작문하시오.

① 우리 커피 좀 마시자.
kāfēi(커피)

② 무슨 말을 좀 해라?
shuō(말을 하다)

③ 우리는 베이징에 가야하는데, 너는 무엇을 좀 가져가려고 하니?

④ 넌 무엇을 좀 먹으려 하니?

⑤ 우리는 간단하게 무엇을 좀 먹었다.

---

① 답 我们/喝(一点儿)[咖啡]吧。
② 답 你/说(点儿)[什么]吧。
③ 답 我们/{要}去[北京]了，你/{想}带(点儿)[什么]?
④ 답 你/{想}吃(点儿)[什么]?

⑤ 우리는 간단하게 무엇을 좀 먹었다.

⑥ 요며칠 나는 일이 조금 있다.

⑦ 이 음식은 조금 달다.
cài(음식) tián(형 달다)

⑧ 오늘 그는 좀 몸이 불편하다.
shūfu(편안하다)

⑨ 난 조금 이해를 못하겠다.
dǒng(동 이해하다)

---

⑤ 답 我们/{简单地}吃了(点儿)[东西]了。
⑥ 답 {这几天} 我/有(点儿)[事]。
⑦ 답 (这个)菜/ {有点儿}甜。
⑧ 답 {今天} 他/{有点儿}{不}舒服。
⑨ 답 我/{有点儿}{不}懂。

⑩ 난 조금도 좋다고 생각하지 않는다.
juédé(~라고 생각하다)

⑪ 조금도 피곤하지 않다.
lèi(피곤하다)

---

⑩ 답 · 我/{一点儿}{都}{不}觉得[好]。
⑪ 답 {一点儿}{也}{不}累。

(5) 기타

동사<于전치사구>, 동사<向전치사구>, 동사<往전치사구>, 동사<自전치사구>등 형태의 보어가 있다. 이를「전치사구 보어」라고도 하는데 이 유형은 동사가 제한적이다. 예를 들면「于yú」의 경우 주로「生shēng · 死s ǐ · 用yòng」등 동사 뒤에 오고,「向xiàng」의 경우에는 대개「走zǒu · 奔bèn · 飞fēi · 流liú · 转zhuǎn · 通tōng」등 동사 뒤에 오며,「往wǎng」의 경우 주로「开kāi · 通tōng · 送sòng · 寄jì · 运yùn · 派pài · 飞fēi · 逃táo」등 소수의 단음절 동사에 국한된다. 또「自zì」의 경우 주로「来lái · 引yǐn·发fā」동사 뒤에 온다. 이렇게 주로 각각 소수의 단음절 동사 뒤에 오기 때문에 결과보어에 포함시키지 않으며 또 그 다지 상용되지 않기 때문에 이 책에서도 따로 기타 보어로 처리한다.

① 他/ 生<于中国>, 死<于美国>。
shēng(태어나다) Zhōngguó(중국) sǐ(죽다) Měiguó(미국)
그는 중국에서 태어나서 미국에서 죽었다.

② 孔子/ 生<于公元前551年>, 死<于公元前479年>。
Kǒngzǐ(공자) gōngyuán(기원) qián(이전)
공자께서는 기원전 551년에 태어나서 기원전 479년에 돌아가셨다.

③ (这条)路/ 通<向海边>。
tiáo(양사) lù(길) tōng(통하다) hǎibiān(해변)
이 길은 해변으로 통해져 있다.

④ 飞机/ 飞<往杭州>。
fēijī(비행기) Hángzhōu(항조우)
비행기는 항주로 운항한다.

⑤ 我们/ {都}来<自韩国>。
우리는 모두 한국에서 왔다.

⑥ (这句)话/ 引<自司马迁的≪史记≫>。
jù(양사) huà(말) yǐn(인용하다) Sī Mǎqiān(사마천)
Shǐjì(사기: 서명)
이 말은 사마천의 사기에서 인용되었다.

6.2 보어가 비교적 복잡한 형태인 경우

동사나 형용사인 술어에 구조조사 「得」로 연결되어 술어가 나타내는 바의 정도가 기대 이상임을 나타내는 문형을 「정도보어문」 혹은 「복합정태구문[4]」이라고 한다. 이러한 문형은 별 다른 설명 없이 정도만을 강조하는 「정도보어」와 묘사 · 평가 · 판단 등에 초점이 있는 「양태보어」로 나눌 수 있다.

1) 정도보어

정도보어(程度补语)는 정도가 높음을 강조하기 위해 사용하는 보어로 주로 형용사나 심리동사와 함께 쓰이며, 정도보어로 상

4) 찰스 N.리, 산드라 A. 톰슨은 「표준중국어문법」에서 이 문형을 「절+得+静态절(혹은 정태동사구)」로 분석하고 있다.

용되는 어휘로는「很hěn, 多duō, 慌huāng, 不得了bùdéliǎo, 要死yàosǐ, 要命yàomìng」등이 있다.

① {冬天} 拉萨/ {非常}冷。

dōngtiān(겨울) Lāsà(라싸: 지명) fēicháng(매우) lěng(춥다)

겨울에 라싸는 아주 춥다.

② {冬天} 拉萨/ 冷得<很>。

겨울에 라싸는 무지무지하게 춥다.

예문①은 정도부사「非常」으로「冷」의 정도가 높음을 표현하고 있지만, 예문②보다 정도가 낮다. 예문②에서 정도보어는「冷」의 정도가 정도부사「非常」등으로 표현하기에 부족하여 사용된 것으로 볼 수 있다.

③ (昨天的)天气/ 热得<很>。

zuótiān(어제) tiānqì(날씨) rè(덥다)

어제의 날씨는 무지무지하게 더웠다.

④ 明天/ {比今天} 冷得<多>。

míngtiān(내일) bǐ(~에 비하여) jīntiān(오늘)

내일은 오늘보다 훨씬 더 춥다.

⑤ 我/ {现在} 饿得<要命>。

xiànzài(지금) è(배고프다) yàomìng(죽을 지경이다)

난 지금 배가 고파 죽을 지경이다.

목적어가 있을 경우 「동사+목적어」뒤에 동사를 반복한 다음 정도보어를 붙인다. 구조는 다음과 같다.

▪ **동사 [목적어] 동사 得 <정도보어>**

⑥ 孩子/ {没} 见过 [鬼], {却} 怕[鬼] 怕得<不得了>。
háizi(아이) jiàn(보다, 만나다) guǐ(귀신) què(도리어)
pà(두려워하다) bùdéliǎo([형]상황이 심각하다)
아이가 귀신을 본 적이 없지만 귀신을 무지무지하게 무서워한다.

⑦ 我/ 喜欢 (那个)[电影] 喜欢得 <不得了>。
xǐhuan(좋아하다) diànyǐng(영화)
나는 그 영화를 무지무지하게 좋아한다.

목적어가 있는 경우 동사를 반복하지 않으려면 다음과 같이 목적어를 주제화시킬 수 있다.

⑦ ′ 我// (那个)电影/ 喜欢得 <不得了>。
(那个)电影// 我/ 喜欢得 <不得了>。

2) 양태보어

양태보어(情态补语)는 동작 혹은 상황에 대해서 묘사 · 평가 또는 판단을 표현한다. 양태보어는「뛰는 동작이 대체적으로 어떠한 정도이다: 그는 빨리 뛴다」「뛰는 동작이 어떠한 정도라고

판단된다: 그는 빨리 뛸 것이다」「상황이 심각해서 어떠하다: 나는 너무 바빠서 거의 미칠 지경이다/ 그는 너무 열심히 듣느라 밥 먹는 것조차 잊었다」등으로 표현된다.

① 他/ 跑得<很快>。[5]

pǎo(뛰다) kuài(빠르다)

그는 뛰는 것이 빠르다. (그는 빨리 뛴다.)

② 他/ {可能} 跑得<很快>。

kěnéng(부 아마도)

그는 아마도 뛰는 것이 빠를 것이다.

그는 아마도 빨리 뛸 것이다

③ 我/ {最近} 忙得 <快疯了>。

zuìjìn(요즘) máng(바쁘다) kuài~le(막 ~하려하다)

fēng(미치다)

난 요즘 바빠서 거의 미칠 지경이다.

④ 他/ 听[故事] 听得 <忘了吃饭>。

tīng(듣다) gùshì(이야기) wàng(잊다) chī fàn(밥 먹다)

그는 이야기를 어찌나 열심히 들었는지 밥 먹는 것을 잊었다.

⑤ 他/ 忙得 <连吃饭的时间都没有>。

lián~(전 ~조차) shíjiān(시간)

그는 어찌나 바쁜지 밥 먹을 시간조차 없다.

---

5) 양태보어로 형용사가 올 때 대개 「很」은 붙인다. 이 경우 「很」이 나타내는 정도는 미약하다.

예문①②의 양태보어는 양태를 표현하는 부사어와 잘 구분하여야 한다.

⑥ 他/ {在}{飞快地} 跑。
fēikuài(나는 듯이 빠르다) pǎo(뛰다)
그는 나는 듯이 빨리 뛰고 있다.

⑦ 你/ {快点儿} 跑。
너 좀 빨리 달려라.

⑧ 她/ 看<到>了 [我], {飞快地} 跑了<过来>。
그녀는 나를 보자, 나는 듯이 빨리 뛰어 왔다.

⑨ {快快地}想, ***但*** {要}{慢慢地} 做。
xiǎng(생각하다) màn(느리다) zuò(실행하다)
빨리 생각하라. 그러나 천천히 실행해야 한다.

⑩ {在老师指导下}, 他/ {很快地} 成长<起来>。
zhǐdǎo(지도하다) chéngzhǎng(성장하다)
선생님의 지도 아래, 그는 빠르게 성장하기 시작했다.

예문⑥에서 예문⑩까지는 부사어가 술어를 수식하고 있는 문장이다. 이 문장들에서 초점은 술어이다. 즉 위 문장들에서 「뛰고 있다 · 달리다 · 뛰어 왔다 · 생각하다 · 실행하다 · 성장하다」 등에 중점이 있다. 이와 반면 보어가 술어를 보충해 주는 문장을 보면 문장의 중점이 보어에 있음을 알 수 있다.

⑪ 他/ 想得<快> {却} 做得<慢>。[6]

그는 생각은 빠른데, 실행에 옮기는 것은 느리다.

⑫ 他/ {正在}{努力} 学习 [汉语], ***而且*** 学得<很快>。

zhèngzài(부 ~하는 중이다) nǔlì(형 열심이다)

xuéxí(공부하다) Hànyǔ(중국어) érqiě(접 게다가)

그는 중국어를 열심히 공부하고 있는 중일 뿐 아니라 배우는 것도 빠르다. (빨리 배운다)

⑬ 时间/ 过得<很快>, 高考/ 过<去> <一年>了。

shíjiān(시간) guò(지나다) gāokǎo(대학입시)

시간이 흐르는 것이 빠르다(빨리 흐른다). 대학입시가 지난지 일년이 되었다.

이렇게 양태보어에 중점을 두어 번역할 수 있다. 그러나 경우에 따라 의미 중점은 양태보어에 있으나 번역문에서는 부사어가 술어를 수식해 주는 문장들과 구분할 수 없는 경우도 있다. 즉 다 같이 「빨리·빠르게」로 해석할 수밖에 없기 때문에 구분하기 쉽지 않다.

⑭ 她/ {不}{想} 走得<很快>, 她/ 想 〖阳光/{那么}好, {为

zǒu(걷다) yángguāng(햇볕) wèi shénme(무엇 때문에, 왜)

그 여자는 빨리 걷고 싶지 않았다. 그녀는 햇볕이 이렇게 좋은데 무엇 때문에 그렇게 빨리 걸어야 하는가라고 생각했다.

---

6) 대비나 비교를 나타내는 문장에서는 「很」없이 형용사가 단독으로 양태보어로 쓰인다.

⑮ {不}{要}跑得<太快>。

너무 빨리 뛰지 마세요.

⑯ 他/ 说得<很对>。

shuō(말하다) duì(옳다)

그가 아주 옳게 말했다. (그가 한 말이 아주 옳다.)

양태보어문에 목적어를 동반하는 경우 정도보어문과 같이 동사를 반복하고 반복된 동사 뒤에 보어를 붙이며, 역시 문장 앞으로 이동시키거나 술어를 생략하여 목적어를 주제화할 수 있다. 단, 동목이합사의 경우는 앞 술어를 생략할 수 없다.

⑰ 他/ 说[汉语] 说得 <不太流利>。

他// 汉语/ 说得<不太流利>。

汉语// 他/ 说得<不太流利>。

shuō(말하다) tài(너무) liúlì(유창하다)

그는 중국어를 말하는 것이 그다지 유창하지 않다.

⑱ 他/ 处理(这件)[事] 处理得 <很合理>。

他// (这件)事/ 处理得<很合理>。

(这件)事// 他/ 处理得<很合理>。

shì(일) chǔlǐ(처리하다) hélǐ(합리적이다)

그는 이 일 처리가 아주 합리적이다.

⑲ 他/ 考[试] 考得<不好>。

kǎo shì(시험을 보다: 동목이합사)

그는 시험을 잘 보지 못했다.

⑳ 你/ {应该} 发[音] 发得<很清楚>。

yīnggāi(마땅히 ~해야 한다) fā yīn(발음하다: 동목이합사)
qīngchǔ(분명하다)

너는 마땅히 분명하게 발음해야 한다.

습관적이고 반복적인 동작의「정도」를 나타낼 때 양태보어로 표현한다.

㉑ 他/ {每天} 睡得<很晚>。

měitiān(매일) shuì(자다) wǎn(늦다)

그는 매일 잠 자는 것이 늦다.

그는 매일 늦게 잔다.

양태보어와 결과보어는 형식상으로는 목적어 위치나 구조조사「得」의 유무로 구별이 쉽다. 그러나 의미면에서는 둘 다「결과」라는 점에서 출발하기 때문에 상당히 유사하다.

㉒ 我/ 吃<饱>了。(결과보어)

bǎo(배부르다)

나는 (배부르게) 잘 먹었다.

㉓ 我/ 吃得 <很饱>。(양태보어)

나는 배부르게 먹었다.

예문㉒는 술어「먹다」의 목적을 달성했음에 중점이 있고, 예문㉓은 술어「먹다」동작이 완료된 후 그 동작 결과가「배가 기대 이상으로 부른 정도(양태)」라는 데 중점이 있다.

형태상으로 가능보어 긍정형에도 「得」를 사용하기 때문에 혼동할 수는 있으나, 양태보어인 경우 위 예문㉓처럼 대개 한 단어가 보어로 쓰이는 것이 아니라 술어(형용사) 앞에 최소한 「很」이 있든지, 어구가 오기 때문에 쉽게 구별할 수 있다.

㉔ 吃(这些) [点心], 你/ 吃<得饱>吗? (가능보어)
xiē(양사) diǎnxīn(과자, 간식)
이 과자들을 먹고 너는 배가 부르겠느냐?

동작의 주체자나 피주체자의 정도를 묘사하는 경우 대개 술어는 원인을 나타내고 양태보어는 결과를 나타낸다. 우리말로 번역할 때 대개 「너무(하도) ~해서 …하다」 「어찌나 ~했는지 …하다」등으로 된다.

㉕ 他/ 笑得 <站不起来>。
xiào(웃다) zhàn(서다) qǐlái(추향보어: 가능보어 안에서 성조)
그는 하도 웃어서 일어설 수가 없었다.

㉖ 我/ 哭得 <眼睛都红了>。
kū(울다) yǎnjing(눈) hóng(붉다)
나는 하도 울어서 눈이 다 빨개졌다.

㉗ 小孩/ 长得 <我不认识了>。
xiǎohái(아이) zhǎng(자라다) rènshí(알다)
아이가 어찌나 자랐는지 내가 몰라보았다.

구어에 있어서는 간혹 양태보어가 생략되기도 하는데, 대개 상황으로 미루어 보어를 말하지 않아도 충분히 그 정도를 짐작할 수 있는 경우거나, 청자로 하여금 궁금하게 만들고자 할 때 생략한다.

㉘ {昨天} 我/ 累得…
zuótiān(어제) lèi(지치다)
어제 나는 어찌나 지쳤는지…

㉙ (那个)孩子/ 长得…
háizi(아이) zhǎng(자라다, 생기다)
그 아이는 생긴 것이 어째…

양태보어는 「得」로 연결되는 형식 이외에 「个」로 연결되는 형식이 있다.

「个」로 연결되는 형식은 구어에서 주로 쓰이는데, 긍정형은 「동사+(了)+个+보어」이고, 부정형은 「동사+个+不+보어」이다. 긍정형은 주로 동작의 주체나 대상에 대한 묘사이고, 부정형은 주로 동작이 계속됨을 묘사한다.

㉚ 看了个<仔细>。
zǐxì(자세하다)
자세하게 보았다.

㉛ 我们/ 玩了个<痛快>。
wán(놀다) tòngkuài(통쾌하다)
우리는 아주 통쾌하게 놀았다.

㉜ 笑个<不停>。

xiào(웃다) tíng(멈추다)

끊임없이 웃는다.

이 외에 아무런 구조조사 없이 술어 뒤에 「死了sǐle · 极了jíle」 등이 와서 정도가 최고로 높음을 나타내는 문형이 있다. 이 문형은 정도가 높음을 강조하는 정도보어의 일종인데, 그 술어가 대개 형용사나 심리 · 상태 동사인 경우이다. 이런 형식은 대개 구어에서 상용된다.

㉝ 冷<死了>。

추워 죽겠다.

㉞ 好<极了>

대단히 좋다.

㉟ 他/ {对你} 满意<极了>。

duì(~에 대해) mǎnyì(만족하다)

그는 너에게 대단히 만족한다.

㊱ (那个)(十岁左右的)女孩/, 纯真可爱, 漂亮<极了>。

suì(~살) zuǒyòu(안팎, 쯤) nǚhái(여자아이)

chúnzhēn(청순하다) kěài(귀엽다) piàoliang(예쁘다)

저 10살 안팎의 여자아이는 청순하고 귀엽고 아주 대단히 예쁘다.

연습문제

다음 문장을 중국어로 작문하시오.

① 밥을 배부르게 먹었다.
bǎo(배부르다)

② 나는 걷는 게 빠른 편이다.
zǒu(걷다) kuài(빠르다)

③ 그는 아주 높이 뛸 수 있다.
tiào(뛰다) gāo(높다)

④ 그는 매일 늦게 잔다.
měitiān(매일) shuì(잠자다) wǎn(늦다)

---

① 답 饭/ 吃得<很饱>。
② 답 我/走得<很快>。
③ 답 他/{能}跳得<很 高>。
④ 답 他/{每天}睡得<很 晚>。

⑤ 그의 그 한 마디가 나를 화가 나서 죽을 지경으로 만들었다.
qì(동 화를 내다)

⑥ 그는 하도 급해서 울기 시작했다.
jí(급하다) kū(울다) qǐlái(추향보어: 시작하다)

⑦ 그는 글씨를 어찌나 열심히 썼는지 연필심이 다 모지라졌다.
qiānbǐ(연필) jiānr(끝, 뾰쪽한 부분) tū(모지라지다)

⑧ 나는 그 영화 너무너무 좋아한다.
diànyǐng(영화) bùdéliǎo(대단하다)

---

⑤ 답 (他)(那一句)话/ {把我}气得<要命>。
⑥ 답 他/急得 <哭了起来>。
⑦ 답 他/写[字]写得 《(铅笔)尖儿/{都}秃了》。
⑧ 답 (那个)电影// 我/喜欢得<不得了>。

⑧ 나는 그 영화 너무너무 좋아한다.
diànyǐng(영화) bùdéliǎo(대단하다)

⑨ 바빠서 물 마실 시간도 없다.
máng(바쁘다) méiyǒu(동 없다) hē(마시다)
shuǐ(물) shíjiān(시간)

⑩ 바빠서 자신의 성이 무엇인지 곧 잊어버리겠다.
kuài~le(곧 ~할 것이다) wàngjì(잊다) zìjǐ(자신)
xìng(동 ~성씨이다)

⑪ 너무 추워서 스웨터를 입어야겠다.
lěng(춥다) yào(해야 하다) chuān(입다) máoyī(스웨터)

---

⑧ 답 (那个)电影// 我/喜欢得<不得了>。
⑨ 답 忙得 <没有喝水的时间>。
⑩ 답 忙得 ≪{都}{快}忘记[自己姓什么]了≫。
⑪ 답 冷得 <要穿毛衣>了。

고정어구란 무엇일까요?

단어는 분리될 수 없고, 어구는 분리가 자유롭다. '学生'은 '学'과 '生'을 분리할 수 없는 반면, '吃饭'은 어구이기 때문에 '吃一碗饭' '吃面' '煮饭' 등과 같이 활용이 자유롭다. 고정어구는 분리될 수 있기 때문에 단어라고 할 수 없으며, 어구처럼 완전히 자유롭게 다른 단어와 결합할 수 없기 때문에 어구라고도 할 수 없는 「어구 같은 단어」이자 「단어 같은 어구」이다.

① 성어(成语chéngyǔ, 四字成语)

天高气爽 tiān gāo qì shuǎng

하늘을 높고, 날씨는 상쾌하다 ⇒ 청명한 가을 날씨

② 속담(谚语yànyǔ)

饭後百步走, 活到九十九。

식후에 백보를 걸으면 아흔 아홉까지 산다.

③ 惯用语guànyòngyǔ

开夜车kāi yèchē (밤샘하다)

④ 헐후어(歇後语xiēhòuyǔ)

헐후어의 앞부분은 비유(수수께끼)이고, 뒷부분은 그에 대한 해설(해답)이라고 할 수 있다. 주로 앞부분만 말한다.

脱裤子放屁 tuō kùzi fàng pì---多此一举。

바지 벗고 방귀 뀌기---불필요한 일을 하다.

7. 특수문형

7.1 「把字文」·「被字文」

쉽게 동사술어문인지 여부를 가릴 수 있는 특수문형에는 「把字文」과 「被字文」이 있다. 경우에 따라 「是字文」과 「有字文」도 특수문형으로 다루어지기도 하는데 이 책에서는 일반 동사술어문으로 간주한다. 이는 문형의 특징이기 보다 단어의 특징에서 두드러진 현상으로 볼 수도 있기 때문이다.

1) 把字文

把字文의 일반적인 형식은 「주어＋把bǎ＋명사(구)＋동사＋기타성분(보어·동태조사·목적어)」이다. 따라서 일단 문장 안에 전치사 「把bǎ」가 있고, 「把字文」이라고 판단이 되면 「把+명사(구)」 뒤에 나오는 단어를 동사로 볼 수 있다.

이런 문형을 의미에 중점을 두면 「处置式」 문장이라고 할 수 있다. 「处置」란 「처리하다, 대상에 영향을 주다」의 의미가 있다.

즉 「把+명사(구)」를 어떻게 처리하여 영향을 주는가를 설명하는 문장이다.[1] 이러한 이유로 把자문은 명령문에 잘 쓰인다.

① 你/ {把那封信} 交<给>[他]。

fēng(~통) xìn(편지) jiāo(건네주다) gěi(주다)

너 그 편지를 그에게 주어라.

② {把窗户}关<上>。

chuānghu(창문) guān(닫다) shàng(결과보어)

창문을 잘 닫아라.

「把+명사(구)」의 명사(구)는 일반적으로 화자가 상대방도 알고 있다고 믿는, 지칭된 것이다. 그렇기 때문에 대개 「这 · 那」 등 지시대체사의 수식을 받는다.

술어인 동사는 일반적으로 「把+명사(구)」에 어떤 영향을 끼칠 수 있는 동작성이 강한 타동사이어야 한다.[2] 대개 동사 단독으로 술어가 될 수 없고, 동사 뒤에 기타성분이 있어서 「처치」의 의미를 표시한다. 이 기타성분은 주로 보어(가능보어 제외)나 동태조사 「了 · 着」 등이다. 동사가 중첩되어 있거나, 동사 자체가 보충구조(동보구조)일 때는 다른 기타성분이 없을 수 있다.

---

1) 사물이 어떤 동작의 처치나 영향을 받는 것을 서술하려면 주술술어문, 把자문, 被자문을 쓸 수 있다.

(那个)杯子// 我/ 打破了。(주술술어문)

(那个)杯子/ {被我} 打破了。(被자문)

我/{把那个杯子}打破了。(把자문)

주술술어문과 被자문의 주어(문장주어)는 모두 「那个杯子」이다. 행위자 「我」를 주어로 쓰기 위해서는 把자문을 사용해야 한다.

2) 동작성이 약한 是, 有, 知道, 觉得, 喜欢, 看见, 听见 등은 把자문에 쓰일 수 없다.

③ 他们/ {把那本杂志} 放<在>[桌子上]。

zázhì(잡지) fàng(놓다) zài(~에) zhuōzi(탁자) shàng(위)

그들이 그 잡지를 탁자 위에 놓아두었다. (잡지는 탁자 위로 옮겨와져 있다)

④ 我/ {不能}{把这件衣服} 洗<干净>。☞112쪽 결과보어

bù(否定) néng(~할 수 있다) jiàn(~벌) yīfu(옷) xǐ(빨다)

gānjìng(결과보어: 깨끗하다)

나는 이 옷을 깨끗이 빨 수 없다.

⑤ 我/ {把那瓶酒} 喝了[一半]。

nà(그) píng(~병) jiǔ(술) hē(마시다) le(동태조사) yībàn(반)

나는 그 술을 반 병 마셨다. (그래서 그 술은 반 병 밖에 남아 있지 않다)

⑥ 我/ {把那个碗}打破了。

wǎn(그릇) dǎpò(동보구조: 깨뜨리다) le(동태조사)

내가 그 그릇을 깨뜨렸다. (그 그릇은 내가 깨뜨려서 지금 없다)

⑦ 我们/ {要}{把敌人}打倒。

yào(~하려 한다) dírén(적) dǎdǎo(동보구조:타도하다)

우리는 적을 타도해야 한다. (적을 쳐서 넘어뜨리겠다)

⑧ {把窗户}开开。

chuānghu(창문)

(그) 창문을 좀 열어라.

⑨ 我/ {没}{把作业}做<完>。

zuòyè(숙제)

나는 숙제를 다 하지 못했다.

⑩ 我/ {没}{把那碗饭}吃<完>。

wǎn(그릇) fàn(밥) chī(먹다) wán(결과보어)

나는 그 밥을 다 먹지 못했다.

⑪ 你/ {不}{把作业}做<完>, {不}{能}出<去>玩。

너 숙제 다 하지 않으면, 나가서 놀지 못해.

이 把字文의 의미상 목적어는 「把+명사(구)」이라서 대개 목적어를 갖지 않는다. 목적어를 갖는 경우, 술어 뒤에 나오는 목적어는 일반적으로 「把+명사(구)」와 「전체-부분」의 관계이거나, 혹은 「把+명사(구)」가 처치술어부의 행위에 의해 영향을 받는 쪽이고, 목적어는 처치 상황을 표현하는 동목구조인 경우이다. 동사가 수여동사일 경우 간접목적어가 목적어로 올 수 있다.

⑫ 我/ {把橘子} 剥了[皮]。 (전체-부분)

júzi(귤) bāo(껍질을 까다 · 벗기다) pí(껍질)

나는 귤을 껍질을 벗겼다.

⑬ 我/ {把门} 上了[锁]。 (동목구조인 술어)

mén(문) shàng(채우다) suǒ(자물쇠)

나는 문을 자물쇠로 채웠다.

⑭ 他/ {愿意}{把这些书} 给[你]。 (수여동사 给)

yuànyì(원하다) zhè xiē(이 몇몇의) shū(책) gěi(주다)

그는 이 책들을 너에게 주려고 한다.

연습문제

다음 문장을 중국어로 작문하시오.

① 그 물건 내려놓아라.

nà(그) ge(~개) dōngxi(물건) fàng(놓다) xià(아래)

② 그 병의 술을 다 비우자 (마시자).

nà(그) píng(~병) jiŭ(술) hē(마시다) guāng(남아있지 않다)

③ 그는 그 그릇을 깨뜨리지 않았다.

wăn(그릇) dăpò(깨뜨리다)

④ 나는 그 글자를 틀리게 쓰지 않았다.

zì(글자) xiĕ(쓰다) cuò(틀리다)

---

① 답 {把那个东西}放<下>。

② 답 我们/{把那瓶酒}喝<光>吧。

③ 답 他/{没}{把那个碗}打破。

④ 답 我/{没}{把那个字}写<错>。

⑤ 그는 이 책을 두 번 보았다.
shū(책) kàn(보다) liǎng(둘) biàn(~번)

⑥ 그는 뜰을 아주 깨끗하게 청소했다.
yuànzi(뜰) sǎo(쓸다·청소하다) gānjìng(깨끗하다)

⑦ 그는 자신의 이름을 칠판에 써 놓았다.
zìjǐ(자신) míngzì(이름) xiě(쓰다) zài(~에) hēibǎn(칠판)

⑧ 그 일의 경과를 좀 말해 다오.
jiàn(~건) shìqing(사건·일) jīngguo(경과) shuō(말하다)

⑨ 그는 작년에 그렸던 그 그림을 꺼내왔다.
qùnián(작년) huà(그리다) fú(~폭) huà(그림) ná(손에 가지다) chū lái(보어: 내오다)

---

⑤ 답 他/{把(这本)书}看了<两遍>。
⑥ 답 他/{把院子}扫得<很干净>。
⑦ 답 他/{把(自己的)名字}写<在>[黑板 上]。
⑧ 답 {把那件事情的经过}说说。
⑨ 답 他/{{把(去年画的)(那幅)画}}拿<出来>了。

2) 被字文

被字文은 전치사 「被」로 만든 피동문을 말한다.

① (那件)事/ {被他}发现了。
jiàn(~건) shì(일) fāxiàn(발견하다) le(동태조사)
그 일은 그에게 발각되었다.

「被」로 이끌어지는 명사(구)가 행위자가 된다. 술어가 표시하는 동작이나 행위는 그 대상인 주어에 미치게 된다. 행위자를 나타낼 수 없거나 그럴 필요가 없을 때는 「被」는 뒤에 명사 없이 바로 술어와 연결될 수 있다.

② (这个)秘密/ {被}发现了。
mìmì(비밀)
이 비밀은 발각되었다.

被字文의 조건은, 대부분의 경우 동사가 불리한 상황을 의미한다[3]는 점을 제외하면, 把字文과 거의 유사하다. 가령 주어는 이미 지적된(알려진) 것이어야 하고, 술어도 처치(处置)를 나타내지 않는 동사와는 함께 사용되지 않으며, 단음절 동사를 단독으로 술어로 쓸 수 없고, 보어나 기타 성분이 있어야 한다. 또 가능보어를 가질 수 없고, 부정부사도 「被」자 앞에 온다. 따라서

---

3) 서구어법의 영향으로 다음과 같이 '불리하지 않은 상황의' 문장도 사용된다. 张三/ {被人民}选<做>[代表]了。
Zhāngsān(人名) rénmín(인민) xuǎn(뽑다) zuò(결과보어: 되다) dàibiǎo(대표) 장삼은 인민에 의해 대표로 선출되었다.

문장 안에 「被」자가 있고, 被字文이라고 판단되면, 「被+명사(구)」나 「被」 바로 다음에 오는 단어가 바로 동사이다.

③ (那个)人/ {被他哥哥} 骂了<一顿>。☞ 153쪽 동량보어
mà(욕하다) dùn(~차례)
그 사람은 그의 형에게 욕을 한 차례 먹었다.

④ 门/ {被风} 吹<开>了。☞ 112쪽 결과보어
mén(문) fēng(바람) chuī(불다) kāi(결과보어)
(화제가 되고 있는 그) 문은 바람에 열려졌다.

⑤ 报纸/ {被他}撕<破>了。
bàozhǐ(신문지) sī(찢다) pò(보어: 깨지다)
(그) 신문지는 그 사람 때문에 찢어졌다.

⑥ 我/ {没}{被他}批评。
méi(완료 부정) pīpíng(잘못을 지적하다)
나는 그에게 지적 당하지 않았다.
* 批评은 주로 윗사람이 아랫사람에게 혹은 동년배끼리 좋은 의미에서 지적함을 의미한다.

⑦ 我/ {不}{愿意}{被人}嘲笑。
yuànyì(~하고 싶다) cháoxiào(조롱하다 · 비웃다)
나는 사람들에게 조롱당하고 싶지 않다.

중국어에 있어 被사문을 제외하고 능동문과 피동문의 구별은 형태상으로 구분이 그리 쉽지 않다. 형식상으로는 피동 표시가

없지만 피동문으로 봐야 하는 경우가 많다. 이 경우 주어는 대개 동작 · 행위의 대상이 되는 被動作主(受事)주어이다. 이런 주어를 주제어라고 하기도 한다. 이러한 문형은 주어와 술어의 관계를 잘 살펴 해석해야 한다.

⑧ 黑板/ 擦<干净>了。
hēibǎn(칠판) cā(닦다) gānjìng(보어: 깨끗하다)
칠판이 깨끗이 닦여졌다.

⑨ (那本)书/ 出版了。
běn(~권) shū(책) chūbǎn(출판하다)
그 책은 출판되었다.

⑩ 房子/ 造<好>了。
fángzi(집) zào(짓다) hǎo(보어: 다 되다)
집이 다 지어졌다.

被字文의 동사는 일반적으로 목적어를 갖지 않는다. 그러나 동작 · 행위의 대상이 주어가 아니라 주어에 속한 일부분을 나타낼 때(예문⑪), 주어가 어떤 동작 · 행위에 의해 이루어진 결과를 나타내고자 할 때(예문⑫), 주어가 처소사일 때(예문⑬) 등 이 몇 가지 경우에는 목적어가 올 수 있다.

⑪ 我/ {被他} 绑了(一只)[腿]。
bǎng(묶다) le(동태조사) zhī(~짝) tuǐ(다리)
나는 그에 의해 다리 한 쪽이 묶여졌다.

⑫ 张三/ {被人民} 选<做>[代表]了。

Zhāngsān(人名) xuǎn(뽑다) zuò(보어: 되다) dàibiǎo(대표)

장삼은 인민에 의해 대표로 선출되었다.

⑬ 桌子上/ {被什么} 划了(许多)[道子]。

zhuōzi(탁자) shàng(위) shénme(무엇) huá(긋다)

xǔduō(많다) dàozi(금)

탁자위가 무엇인가에 의해 금이 잔뜩 그어져 있다.

중국어의 피동문은 「被」자 말고도 「叫·让·给」 등으로 만들어질 수 있으며, 또 이러한 피동 표지 없이도 피동문이 된다. 오히려 구어에서는 被字文보다 이러한 피동문이 더 잘 쓰여지고 있다.

전치사 「叫 · 让 · 给」를 쓰는 피동문은 조건이 被字文과 거의 같다. 단 「叫 · 让」은 被字文과 달리 행위자인 명사를 생략할 수 없고, 「给」만 생략이 가능하다.

⑭ (他的)衣服/ {叫雨}淋<湿>了。

yīfu(옷) jiào(~에 의해) yǔ(비) lín(적시다) shī(젖어 있다)

그의 옷이 비에 흠뻑 젖었다.

⑮ 行李/ {让他}拿<走>了。

xíngli(짐) ràng(~에 의해) ná(가지다) zǒu(보어: 가다)

짐은 그가 들고 갔다.

⑯ 门/ {给风}吹<开>了。

mén(문) gěi(~에 의해) fēng(바람) chuī(불다) kāi(보어: 열다)

문이 바람에 열렸다.

연습문제

다음 문장을 중국어로 작문하시오.

① 그 컵은 그이 때문에 깨어졌다.
bēizi(잔 · 컵) dǎpò(깨뜨리다) le(동태조사)

② 그 소설책은 그가 빌려 가버렸다.
nà(그) běn(~권) xiǎoshuō(소설) jiè(빌리다) zǒu(보어:가다)

③ 이 비밀은 발각되지 않았다.
mìmì(비밀)

---

① 답 (那个)杯子/{被他}打破了。
② 답 (那本)小说/{被他}借<走>了。
③ 답 (这个)秘密/{没}{被}发现。

④ 그 그릇은 나에 의해서 깨어지지 않았다.

wǎn(그릇) dǎpò(동보구조: 깨뜨리다) le(동태조사)

⑤ 이 일은 어떻게 선생님에게 알려졌지?

jiàn(~건) shì(사건·일) zěnme(어찌) lǎoshī(선생님) zhīdao(알다)

---

④ 답 (那个)碗/{没}{被我}打破。
⑤ 답 (这件)事/{怎么}{被老师}知道了?

7.2 연동문

연동문(连动句)은 두 개 또는 두 개 이상의 동사(구) 술어가 의미상 서로 긴밀한 연관을 가지면서 연이어져 있는 문형을 말한다. 이 두 동사(구)는 순서가 고정되어 있으며, 순서는 대개 사건 발생 순서이다. 이 동사(구)들 사이에는 접속사를 쓰지 않으며, 분명한 음운상의 휴지가 없고, 목적어를 각각 따로 취할 수 있다. 단 주어는 모두 동일한 주어와 주술관계를 이룬다. 두 동사(구) 사이의 의미관계의 종류는 대략 다음과 같다.

1) 목적 관계

앞 동사구의 목적을 나타내기 위해서 목적을 나타내는 동사구를 바로 뒤에 연이어 쓴다.4) 즉 「~해서 …하다」「…하기 위해 ~하다」의 의미이다.

① 我/ {晚上}{要}去[超市]买[东西]。
qù(가다) chāoshì(슈퍼마켓) dōngxi(물건)
난 저녁에 슈퍼마켓에 가서 물건을 사야 해.
난 저녁에 뭘 좀 사러 슈퍼마켓에 가야 해.

② 他/ 上[楼]睡[觉]。
shàng(오르다) lóu(층) shuì jiào(잠을 자다)

---

4) 경우에 따라 반대로 앞 동사구가 뒤 동사구의 목적을 나타내기도 한다. 이런 경우는 언어 환경 속에서 판단할 수밖에 없다.
我/买[票]去。我/去买[票]。나는 표를 사러 간다.

그는 위층에 올라가서 잠을 잔다.

그는 잠을 자러 위층으로 올라간다.

③ {不}{想} {下次}{再}来看吗?

bù(否定) xiǎng(~고 싶다) xià(다음·아래) cì(번) zài(다시)

lái(오다) kàn(보다)

다음에 또 와서 보고 싶지 않니?

다음에 또 보러 오고 싶지 않니?

④ 我们/ {马上} 开[会]研究(这个)[问题]。

mǎshang(곧) kāi(열다) huì(회의) yánjiū(연구하다)

wèntí(문제)

우리 곧 회의를 열어 이 문제를 연구할 것이다.

우리는 곧 이 문제를 풀기 위해 회의를 열 것이다.

2) 수단 관계

앞 동사구는 수단, 방식, 상태를 나타내고 뒤 동사구는 진행되는 동작을 나타낸다. 즉「어떤 수단/방식/상태로 …한다」의 의미이다. 특히 상태를 나타낼 경우 제1동사구의 동사에「着」가 붙는다.

① 你们/ 坐(什么)[车]去[那儿]?

zuò(타다)

너희는 무슨 차를 타고 그곳에 가니?

② 我们/ 坐[大巴]去[那儿]。

dàbā(대형버스)

우리는 버스를 타고 그곳에 간다.

③ 你/ 站<起 来>回答(这个)[问题]。

zhàn(서다) qǐ lái(보어: 일어나다) huídá(대답하다)
wèntí(문제)

너 일어서서 이 문제를 대답해라.

④ 他/ 蒙着[头]睡[觉]。☞ 278
쪽 동목이합사

méng(덮다) zhe(동태조사) tóu(머리) shuì jiào(잠을 자다)

그는 머리를 가리고 잔다.

⑤ 他/ 笑着{对我们}说: “你/好!”

xiào(웃다) duì(~에게) shuō(말하다)

그는 웃으면서 우리에게 말했다: “안녕하세요!”

⑥ {每天}{晚上} 听着[音乐]写[日记]。

měitiān(매일) wǎnshàng(저녁) yīnyuè(음악) xiě(쓰다)
rìjì(일기)

매일 저녁 음악을 들으면서 일기를 쓴다.

3) 배경 관계

앞 연동구의 사건이 완료되어 뒤 연동구의 사전의 배경이 된다. 즉 「(다)~하고 (나서) …하다」의 의미이다. 이 동사구들의 순서는 대개 사건의 발생시간 순이다.

① 他/ 听<完>[课]回[宿舍]。

tīng(듣다) wán(보어: 끝내다) kè(수업) huí(돌아가다) sùshè(숙소)

그는 수업을 다 듣고 숙소로 돌아갔다.

② 我们/ {昨天} 吃过[晚饭]散[步]去了。

zuótiān(어제) wǎnfàn(저녁) sàn/bù(산보하다: 동목이합사)

우리는 어제 저녁을 먹고 나서 산책하러 갔다.

③ 他/ 推<开>[门]走<出去>。

tuī(밀다) kāi(보어: 열다) mén(문) zǒu(걷다) chū qù(보어: 나가다)

그는 문을 밀어 젖히고 걸어 나갔다.

4) 有자 연동문

「주어+有+목적어+술어」 구조인 연동문으로 두 술어의 주어는 같으며, 有동사 목적어는 뒤 술어의 의미상의 목적어가 된다. 그래서 「~할 [목적어]가 있다:有」로 번역된다.

① 我/ 有(几个)[问题] {要}问[你]。

wèntí(문제) wèn(묻다)

나는 네게 물어볼 문제를 몇 개 가지고 있다.

② 我/ {已经} 没有[钱]花了。

qián(돈) huā(돈을 쓰다)

나는 이미 쓸 돈이 없다.

연습문제

다음 문장을 중국어로 작문하시오.

① 텔레비전 다 보고 나서 가는 게 어떻겠니?

wán(보어: 끝내다) diànshì(TV) xíng(되다·통하다)

② 난 저녁을 다 먹고 가고 싶다.

xiǎng(~하고자 하다) chī(먹다)wǎnfàn(저녁밥) qù(가다)

③ 우리는 그래도 걸어서 가자.

háishì(그래도) zǒu(걷다) zhe(동태조사) qù(가다)

④ 우리는 모두 자전거를 타고 가자.

wǒmen(우리) dōu(모두) qí(타다) zìxíngchē(자전거)

---

① 답 看<完>[电视]去, 行{不}行?
② 답 我/{想} 吃<完>了[晚饭]去。
③ 답 我们/{还是} 走着去吧。
④ 답 我们/{都} 骑[自行车]去。

⑤ 이번 여름방학엔 나는 반드시 집에 돌아가서 부모님을 뵈어야 해.

shǔjià(여름방학) kànwàng(찾아 뵙다) fùmǔ(부모)

⑥ 그는 고개를 돌려 나를 한 번 보았다.

huí(돌리다) tóu(머리) kàn(보다) yī yǎn(보어:눈길 한 번)

⑦ 그저께 나는 그들한테 갔었다.

⑧ 그는 방에 들어와 노트를 한 권 가지고 나갔다.

jìn(들다) wū(방 · 집) ná(손에 가지다) bǐjìběn(필기노트)

⑨ 우리 (적당한) 장소를 찾아서 좀 쉬자.

zhǎo(찾다) dìfang(곳) xiūxi(쉬다)

---

⑤ 답 {这暑假} 我/{一定} 回[家]看望[父母]。
⑥ 답 他/回[头]看[我]<一眼>。
⑦ 답 {前大} 我/上[他们那儿]<去>了。
⑧ 답 他/进[屋]拿了(个)[笔记本]走了。
⑨ 답 我们/找(个)[地方]休息休息。

⑩ 학우들은 수업을 마치고 교실에서 걸어 나왔다.
tóngxuémen(학우들) shàng kè(수업을 듣다) wán(보어: 끝내다) zǒu(걷다) chū(보어: 나오다) jiàoshì(교실) lái(오다)

⑪ 이런 종류의 책은 중국서점에 가서 사야 된다.
lèi(종류) děi(~해야 한다)

⑫ 빨리 가서 밥 먹어라, (빨리 밥 먹으러 가라)

⑬ 그는 친구 마중하러 공항에 가야하기 때문에 너한테 갈 수가 없다. jīchǎng(공항) jiē(마중하다)

⑭ 너 서둘러 가서 찾으렴.
gǎnkuài(부 서둘러서) zhǎo(찾다)

---

⑩ 답 同学们/上<完>[课]走<出>[教室]<来>。
⑪ 답 (这类)书/{得}到(中国)[书店]去买。
⑫ 답 {快}去吃[饭]。
⑬ 답 他/{要}去[机场]接[朋友], 他/去<不了>(你)[那儿]了。
⑭ 답 你/{赶快}去找吧!

⑮ 난 수업 하러 가야해.

děi(~해야 한다)

⑯ 난 이미 10여 일 동안 그를 보러 가지 못했다.

⑰ 제가 모두를 대표해서 당신께 감사를 드립니다.

dàibiǎo(대표하다)

⑱ 우리 함께 수영하러 가자!

yīkuàir(함께) yóuyǒng(수영하다)

⑲ 아이들은 아주 신이 나서 공원으로 갔다.

gōngyuán(공원)

---

⑮ 답 我/{得}去上[课]了。

⑯ 답 我/{已经}{十来天}{没}去看[他]了。

⑰ 답 我/代表[大家] 谢谢[您]。

⑱ 답 咱们/{一块儿}去游泳吧！

⑲ 답 孩子们/{高高兴兴地}到[公园]<去>了。

7.3 겸어문

겸어(兼语)란 「두 가지 역할을 겸하는 명사(구)」를 말한다. 겸어문(兼语句)을 도식화하면 다음과 같다.

▪ **주어// 술어1 [겸어]/ 술어부**

술어1은 겸어를 목적어로 취하고, 술어부는 겸어를 주어로 취한다. 겸어는 술어1의 목적어가 됨과 동시에 술어부의 의미상 주어 역할을 한다.

술어부의 술어로는 주로 동사(구) · 형용사(구) · 주술구 등이 온다. 이 겸어구는 대개 술어 역할을 하지만, 경우에 따라 관형어로도 쓰인다.

일반적으로 「술어1+겸어+술어부」를 「겸어구」라고 부른다. 겸어문에서 휴지(pause)를 둔다면 일반적으로 「술어1+겸어」 다음에 둘 수 있다. 동목구조인 「술어1+겸어」 사이에 동태조사 「了 · 着 · 过」가 올 수 없을 정도로 관계가 긴밀하다.

1) 사역을 나타내는 겸어문

술어1은 대개 「사역」의 의미를 갖고 있는 동사인데, 자주 사용되는 동사에는 「让ràng · 请qǐng · 叫jiào · 要yào · 劝quàn」등[5])이 있다. 따라서 이런 동사가 주어 다음에 나오고, 그 다음에 바로 주술관계인 「명사성 단어+기타성분」이 오면 일단 「겸어문」으로 생각할 수 있다. 우리말로 번역할 경우 대개 「'주어'는 <u>'겸어'가</u>

5) 이 외에도 使shǐ, 派pài, 逼bī, 催cuī, 求qiú, 鼓励gǔlì · 命令mìnglìng 등이 있다.

~하도록 …하다」라는 의미가 되므로, 이런 의미의 우리말을 중역할 때 겸어문을 생각하면 된다.

① 他// {要}去, {就} 让[他]/去吧。

그가 가려고 한다면, 그를 가게 해라(그가 가도록 해라).

② 你// 拿<出>[一个]让[我]/看看。

ná(손에 가지다) chu(추향보어: 꺼내다)

ràng(허용하다 · 시키다) kàn(보다)

너 하나를 꺼내서 내게 보여줘(내가 보도록 해 나오).

③ 你// 请[他]/来。

qǐng(~하도록 청하다) tā(그) lái(오다)

네가 그 사람을 초청해라(그 사람이 오도록 청해라).

④ 妈妈// 叫[他]/坐。

māmɑ(엄마) jiào(시키다) zuò(앉다)

엄마는 그를 앉게 했다(그가 앉도록 했다).

⑤ 他// 要[我]/ {多}学[英语]。

yào(동 요구하다) yīngyǔ(영어)

그는 나더러 영어를 많이 공부하라고 한다.

⑥ 他// 劝[我]/ {少}抽[烟]。

quàn(~하도록 권하다) shǎo(적다) chōu yān(담배를 피우다)

그는 내가 담배를 적게(그만) 피도록 권했다

⑦ (这个)消息// 使[我]/{很}高兴。

zhè(이) ge(~개) xiāoxi(소식) shǐ(시키다) hěn(아주) gāoxìng(기쁘다)

이 소식은 나를 기쁘게 했다(내가 기쁘도록 만들었다).

⑧ 大家// 选[他]/ 当[班长]。

dàjiā(모두들) xuǎn(뽑다) dāng(맡다) bānzhǎng(반장)

모두들 그를 반장으로 삼았다(그가 반장을 맡도록 선출했다).

⑨ (我)父亲// 鼓励[我]/ 学[汉语]。

fùqīn(부친 · 아버지) gǔlì(격려하다) xué(배우다) hànyǔ(중국어)

부친께서 내가 중국어를 배우도록 격려하셨다.

2) 형식상의 겸어문

이 겸어문은 「사역」의 의미는 없지만 문장의 내부구조가 겸어문의 형식인 문형이다.

① 我// 喜欢[他]/老实。

xǐhuan(좋아하다) lǎoshi(성실하다)

나는 그가 성실해서 좋아한다.

② {后面} 有[人]/ 说[话]。

hòumiàn(뒤) shuō/huà(말을 하다)

뒤에 말을 하는 사람이 있다.

뒤에 어떤 사람이 말을 한다.

③ 我// 有(个)[弟弟]/ {在大学}读[书]。

yǒu(가지고 있다) ge(~개) dìdi(남동생) zài(~에)

dàxué(대학교) dú shū(공부하다)

나는 동생이 하나 있는데 그 동생은 대학교에서 공부한다.

나는 동생이 하나 있는데 그는 대학교에서 공부한다.

나는 대학교에서 공부하는 동생이 하나 있다.

예문②③은 有자-연동문과 혼동하기 쉽다. 구분하는 방법은「술어+명사(구)+술어부」의 명사(구)가 뒤 술어부의 주어 역할을 하면 겸어문, 술어부의 주어가 명사(구) 앞 술어의 주어와 동일하면 연동문이다. 다음은 有자-연동문의 예이다.

④ 我/ 有(几个)[问题] {要}问[你]。

wèntí(문제) wèn(묻다)

나는 네게 물어볼 문제를 몇 개 가지고 있다.

연습문제

다음 문장을 중국어로 작문하시오.

① 당신이 제게 전화를 해 주십시오.
qǐng(~하도록 청하다) dǎ/diànhuà(전화를 걸다)

② (당신이) 건강하길 기원합니다.
zhù(기원하다) shēntǐ(몸) jiànkāng(건강하다)

③ 모두들 그가 시합에 참가하도록 격려했다.
dàjiā(모두들) gǔlì(격려하다) cānjiā(참가하다) jìngsài(시합)

④ 학우들이 그를 반장으로 뽑았다.
tóngxué(학우) xuǎn(뽑다) dāng(맡다) bānzhǎng(반장)

---

① 답 请[你]/ {给我}打[电话]。
② 답 祝[你]// 身体/健康。
③ 답 大家// 鼓励[他]/ 参加[竞赛]。
④ 답 同学们// 选[他]/ 当[班长]。

⑤ 선생님께서 그가 문과 전공에 응시하도록 권하셨다.

lǎoshī(선생님) quàn(권하다) bàokǎo(응시원서를 내다) wénkē(문과) zhuānyè(전공)

⑥ 창문을 열어서 공기가 통하도록 해라.

dǎ(손으로 하다) kāi(보어: 열다) chuānghu(창문) shǐ(~하게 시키다) kōngqì(공기) liútōng(통하다)

⑦ 그를 못 가게 해라. (그가 가지 못하도록 해라)

bù yào(하지 마라) qù(가다)

⑧ 관계자 외 출입금지.

jìnzhǐ(~못하게 하다) xiánrén(관계 없는 사람) jìnrù(진입하다)

---

⑤ 답 老师//劝[他]/ 报考(文科)[专业]。

⑥ 답 打<开>[窗户]使[空气]/流通。

⑦ 답 {不}{要}让[他]/去。

⑧ 답 禁止[闲人]/进入。

⑨ 우리가 들어가지 못하게 할 수 있는 사람은 없다. (누구도 우리를 들어가지 못하게 할 수 없다)
méiyǒu(없다) shéi(누구) néng(할 수 있다)

⑩ 밖에서 어떤 사람이 문을 두드린다. (밖에 문을 두드리는 사람이 있다.)
wàimiàn(밖) qiāo/mén(문을 두드리다)

⑪ 우리로 하여금 영원히 같은 곳에서 살도록 하소서.
yǒngyuǎn(영원히) shēnghuó(생활하다) yīqǐ(명 같은 곳)

⑫ 그는 우리가 함께 가게 했다.
yīqǐ(부 함께)

---

⑨ 답 没有[谁]//{能}{不}让[我们]/进<去>。
⑩ 답 {外面} 有[人]/敲[门]。
⑪ 답 让[我们]/{永远}生活<在>[一起]。
⑫ 답 他//让[我们]/{一起}去。

⑬ 너는 이렇게 바쁜데도 우리를 환송하러 왔으니 정말 나를 대단히 감동시키는구나.
sòng(보내다, 환송하다) gǎndòng(감동하다)

⑭ 내가 녹음기를 좀 쓰도록 빌려줄래.
jiè(빌리다) yòng(쓰다) lùyīnjī(녹음기)

⑮ 당신이 먼저 이 표를 적으세요.
tián(기입하다) biǎo(표)

⑯ 당신이 더 좋은 성적을 거두도록 기원합니다.
zhù(기원하다) qǔdé(얻다) chéngjī(성적)

⑰ 그는 몸이 불편하니 그가 차분하게 좀 쉬도록 해줘라.
shūfu(편안하다) ānjìng(차분하다) xiūxi(쉬다)

---

⑬ 답 你//{这么}忙, {还}来送[我们], {真}使[我]/感动。
⑭ 답 借[我]/用<一下>[录音机]。
⑮ 답 请[你]/ {先}填(这张)[表]。
⑯ 답 祝[你]/ 取得(更大的)[成绩]!
⑰ 답 他/{不}舒服, 让[他]/ {安安静静地}休息<一会儿>。

7.4 존현문

존현문(存现句)은 화제가 되는 장소에 어떤 실체가 어떻게 존재하고 있거나 출현 또는 사라짐을 설명하거나 묘사하고자 할 때 쓰는 문형이다.

문두에 전치사 없이 존재 · 출현 · 소실되는 장소를 나타내는 처소명사구(처소사)가 주어로 오고, 동사 뒤에 그 실체(명사구)가 목적어로 온다. 예문①처럼 우리말 번역문의 주어 목적어와 다르기 때문에 혼동하기 쉬운 문형이다.

해석된 우리말로는 문두에 오는 처소사는 부사어 성격을 띠고, 동사 뒤에 오는 명사구가 오히려 주어라고 할 수 있다. 중국어 어법은 「위치주의」를 따르고 있기 때문에, 존현문을 「주어(처소사)+동사+(존현)목적어」 구조로 간주하는 것이다. 게다가 일반 동사술어문에서 장소 부사어는 동작·행위의 장소를 설명하지만, 존현문에서 처소사는 술어부의 묘사 대상이 되기 때문에 주어로 간주하고 있는 것이다.

① 台上/ 坐着 (很多)[人]。
tái(연단) shàng(위) zuò(앉다) zhe(동태조사) hěn(아주) duō(많다) rén(사람)
단상에는 많은 사람들이 앉아 있다.

묘사 대상은 '단상 위'이고, 문장의 초점은 '앉아 있는 사람들이 있다(존재)'이다. 우리말로는 「그곳에 무언가가 있다/나타났다/사라졌다」를 나타내기 위해서 이 존현문을 사용한다.

② 街上/ 站着 (一个)[人]。 (존현문)

jiē(거리) zhàn(서다)

거리에 어떤 사람이 서 있다.

③ (这个)人/ {在街上} 站着. (일반 동사술어문)

이 사람은 거리에 서 있다.

예문②는 「거리에 무엇인가가 있다」를 말하고, 예문③은 「이 사람은 무엇을 하고 있다」를 말한다. 존현문에서 실체에 해당되는 목적어는 일반적으로 비한정이다. 즉 구체적으로 명확히 지시되지 않은 실체임을 의미하기 때문에 해석시 대개 「어떤 ~」가 되며, 목적어 앞에는 「一个」「很多」등 수량사구나 형용사구를 붙여 목적어가 비한정적인 것임을 나타낸다. 따라서 존현문에서 목적어에 「这个 · 那个」와 같은 「명확히 지시된 것」을 의미하는 수식어가 붙으면 안 된다.

1) 존재 설명 · 묘사

어느 장소에 어떤 실체가 있다는 상황을 설명하거나 묘사한다. 즉 장소나 환경에 대한 설명과 묘사를 위해서 이런 문형이 사용되어 진다.

동사는 대개 동태조사 「着zhe」와 같이 쓰여져, 존재 상태를 나타낸다.

① (一间)教室/ 空着, (另)(一间)教室里/ 坐着 (8个)[孩子]。

jiān(~간: 양사) jiàoshì(교실) kōng(비어있다)

lìng(대 다른: 수량사를 동반함) háizi(아이)
한 교실은 비어있는데, 다른 한 교실 안에는 8명의 아이가 앉아 있다.

② 门口/ 站着(一个)(可爱的)[孩子]。
ménkǒu(문 입구) zhàn(서다) kě'ài(귀엽다) háizi(아이)
문 입구에 어떤 귀여운 아이 한 명이 서 있다.

③ 路灯下/ 躺着(一个)[人]。
lùdēng(가로등) xià(아래) tǎng(눕다)
가로등 아래 어떤 사람이 누워 있다.

④ 桌子上/ 放着(一本)[杂志]。
zhuōzi(탁자) shàng(위) fàng(놓다) zhe(동태조사) yī(하나) běn(~권) zázhì(잡지)
탁자 위에는 어떤 잡지가 한 권 놓여져 있다.

⑤ 墙上/ 挂着(一张)[地图]。
qiáng(벽) shàng(위) guà(걸다) zhe(동태조사) yī(하나) zhāng(~장) dìtú(지도)
벽에는 지도가 한 장 걸려 있다.

존현문에서 「有」「是」가 술어로 와서 존재를 나타낼 수 있다. 이 경우 有자-존현문은 '어떤 장소에 어떤 실체가 존재하고 있음'을 나타내는 반면, 是자-존현문은 '어떤 장소에 있는 것은 어떤 실체임을 시인하는' 의미로 사용된다.

⑥ 桌子上/ 有(一本)[杂志]。

zhuōzi(탁자) shàng(위) yǒu(있다) yī(하나)

běn(~권) zázhì(잡지)

탁자 위에는 어떤 잡지가 한 권 있다.

⑦ 桌子上/ 是(一本)[杂志]。

탁자 위에는 있는 것은 어떤 잡지 한 권이다.

2) 출현·소실 설명

화제가 되는 장소나 시간에 어떤 실체가 나타나거나 사라지는 상황을 설명하려고 할 때도 존현문을 쓴다. 이 경우 동사는 일반적으로 출현·소실과 의미상 연관성이 많은 자동사가 대부분을 차지한다. 또 출현 및 소실을 더욱 구체적으로 나타내기 위해 동사 뒤에 추향보어나 결과보어가 올 수 있으며, 동태조사 「了」나 어기조사 「了」를 함께 쓰기도 한다.

출현·소실된 장소를 청자가 이미 알고 있기 때문에 구체적으로 밝힐 필요가 없는 경우에는 주어(처소사)를 생략할 수도 있다.

① 前面/ 来了 (一个)[客人]。

qiánmiàn(앞) lái(오다) kèrén(손님)

앞에 어떤 손님 한 분이 왔다.

② 跑<来>了 (一个)[人]。

pǎo(뛰다)

어떤 사람 한 명이 뛰어왔다.

③ 前面/ 走<过来> (一个)[老人]。

zǒu(걷다) guo lai(보어:지나오다) lǎorén(노인)

앞에서 어떤 노인 한 명이 걸어 왔다.

④ {昨天} 发生了 (一件)[事]。

zuótiān(어제) fāshēng(발생하다) le(어기조사)

yī(하나) jiàn(~건) shì(사건 · 일)

어제 일이 한 건 터졌다.

⑤ (我们)院里/ 搬<走>了 (一家)[人]。

yuàn(동네) li(안) bān(이사하다) zǒu(보어: 떠나다)

le(동태조사) yī(하나) jiā(~가구) rén(사람)

우리 동네에서 한 가구가 이사 갔다.

⑥ (他)家/ {去年} 死了 (一个)[人]。

jiā(집) qùnián(작년) sǐ(죽다)

그의 집에서는 작년에 사람이 한 명 죽었다.

이 경우에도 목적어는 대개 수량사를 동반하지만, 수량사가 없는 경우 어기조사 了를 동반한다.

⑦ 来[客人]了。

le(어기조사)

어떤 손님(들)이 왔다. ☞ 복수를 나타낼 수 있음.

⑧ {昨天} 死了 [人]了。

어제 사람이 죽었다.

연습문제

다음 문장을 중국어로 작문하시오.

① 벽에는 중국 지도가 두 장 걸려 있다.
qiáng(벽) shàng(위) guà(걸다) zhe(동태조사) liǎng(둘) zhāng(~장) Zhōngguó(중국) dìtú(지도)

② 벽에는 큰 글자 네 지기 쓰여 있다.
qiáng(벽) shàng(위) xiě(쓰다) zhe(동태조사) sì(넷) ge(~개) dà(크다) zì(글자)

③ 뜰 안에는 개가 한 마리 있다.
yuànzi(뜰) lǐ(안) yǒu(존재하다) tiáo(~마리) gǒu(개)

④ 앞에 있는 것은 병원이다.
qiánbiān(앞) suo(~개) yīyuàn(병원)

---

① 답 墙上/挂着(两张)(中国)[地图]。
② 답 墙上/写着(四个)(人)[字]。
③ 답 院子里/有(一条)[狗]。
④ 답 前边/是(一所)[医院]。

⑤ 앞에 어떤 학생이 뛰어 온다.

qiánmiàn(앞) pǎo(뛰다) guo lái(보어:지나오다)

⑥ 어떤 한 사람이 기어 올라왔다.

pá(기다) shang lai(보어: 올라오다)

⑦ 큰 길에 선생님 두 분이 걸어오신다.

dàlù(큰길) shàng(위) zǒu(걷다)wèi(~분) lǎoshī(선생님)

⑧ 저쪽에 자동차가 한 대 오고 있다.

nàbiān(저쪽) kāi(운전하다) guo lai(보어: 지나오다) yī(하나) liàng(~대) qìchē(자동차)

---

⑤ 답 前面/跑<过来>(一个)[学生]。
⑥ 답 爬<上来>了(一个)[人]。
⑦ 답 大路上/ 走<来>(两位)[老师]。
⑧ 답 那边/开<过来>(一辆)[汽车]。

⑨ 집 안에 소가 한 마리 죽었다.

jiā(집) lǐ(안) sǐ(죽다) tóu(~마리) niú(소)

⑩ 학교 왼쪽에 또 건물 한 채가 지어졌다.

xuéxiào(학교) zuǒbiān(좌측) yòu(또) gài(세우다) zuò(~개) dàlóu(빌딩)

---

⑨ 답 家里/死了(一头)[牛]。

⑩ 답 (学校)左边/〔又〕盖了(一座)[大楼]。

7.5 是…的문

「是…的문」은 동사 是와 的명사구로 이루어지는 「是자문」과 다르다. 是자문과 가장 큰 차이는 是와 的을 생략했을 때 문장성립여부이다. 是…的문은 是자문과 달리 是와 的을 생략했을 때 의미초점은 달라지지만 문장은 성립한다. 따라서 是…的문에서 是와 的은 어감을 나타낸다고 할 수 있다. 이 점에서 문장성분을 분석할 때 是와 的은 밑줄과 함께 굵게 표시하며 분석대상에서 제외한다.

是…的문은 두 가지로 나눌 수 있다. 是…的문 I 은 이미 발생한 사건에 대한 상황 설명, 是…的문II는 화자의 관점、태도 등이 단호하거나 완곡한 어감을 표시한다.

다음 대화내용을 보자.

A1: 북경에 온 이후에 북경오리구이 먹어보았니?
B1: 벌써 먹어보았는걸.
A2: 그래? 어디서 먹었는데? ☜ 是…的문 I
B2: 시내 음식점에서 먹었지. ☜ 是…的문 I
A3: 언제 먹었는데? ☜ 是…的문 I
B3: 지난주에 먹었어. ☜ 是…的문 I
너는 북경오리구이 요리를 많이 먹어보았겠지?
A4: 아니. 난 육류는 먹지 않아. ☜ 是…的문II
B4: 한번 먹어보면 아주 좋아하게 될 걸. ☜ 是…的문II

A1과 B1는 일반적인 의문문과 대답이다. A2와 B2는 '먹었다'는 사실을 이미 알고 있는 상태에서 먹은 '장소'에 관심이 있는

질문이고 그 대답이다. 또 A3과 B3은 먹은 '시간'에 관심이 있는 질문과 그 대답이다. 반면 A4와 B4는 화자의 주관적인 생각이 비교적 확고함을 나타낸다.

1) 是...的문 I

是…的문 I 사이에는 주로 동사로 이루어진 어구(주술구 포함)가 오며, 이미 발생한 사건에 대한 상황 설명에 초점이 있다. 즉 동사가 나타내는 동작이 이미 발생한 사실이라는 점은 화자나 청자가 다 알고 있으며, 말하고자 하는 초점은 그 동작과 관련된 시간, 장소, 방식, 조건, 목적, 대상, 동작의 주체자 등이다. 따라서 是…的 사이의 동사(구)는 대개 부사어를 동반하며, 이 부사어가 의미의 초점이 된다.

① 他/ **是** {昨天} 来 **的**。
그는 어제 온 거야.

② 他/ {昨天} 来 了。
그는 어제 왔다.

예문①은 是…的문이고, 예문②는 일반 진술문이다. 두 문장 다 그가 왔다는 사실을 말하고 있지만, 예문②는 어감의 색채가 없이 단순히 사실을 진술하고 있는데 반해 예문①은 그가 온 시점이 어제라는 것을 강조하고 있다. 이것은 다음 질문에서 분명히 드러난다.

③ 他/ {怎么} {还}{不} 了解 (这里的)[情况]?
liǎojiě(잘 알다) qíngkuàng(상황)
그는 왜 이곳 사정을 아직 잘 모르지?

위 예문③의 대답으로 예문①은 가능하지만, 예문②는 불가능하다.

④ 他/ {以前} 做(什么)[事], 你/ 了解吗?
yǐqián(이전) zuò(하다) shì(일) liǎojiě(잘 알다, 이해하다)
그가 전에 무슨 일을 했는지 넌 잘 아니?

⑤ 我/ {不}了解, 我/ **是**{最近} {才}认识 [他]**的**。
zuìjìn(최근, 요즘) cái(비로서) rènshi(알다, 인식하다)
난 잘 몰라, 나는 최근에 그를 알았거든.

목적어가 있는 경우, 的 앞이나 뒤에 다 놓일 수 있다. 구어에서는 주로 「是+부사어+동사+的+목적어」가 된다. 목적어가 인칭대체사인 경우에는 「是+부사어+동사+인칭대체사+的」가 된다.

⑥ 你/ **是**{在哪儿} 学**的**[汉语]?
你/ **是**{在哪儿} 学[汉语]**的**?
너는 어디서 중국어를 배웠느냐?

⑦ 我/ **是**{从农村}来**的**。
cóng(~에서) nóngcūn(농촌)
저는 농촌에서 왔어요.

⑧ 他/ **是**{昨天} 告诉[我]**的**。
gàosu(알리다)
그는 어제 나에게 알려 주었다.

⑨ 我们/ **是**{晚上八点} 回[宿舍]<来>**的**。

wǎnshàng(저녁) sùshè(숙소)

우리는 저녁 8시에 숙소로 돌아왔다.

* 추향보어는 的 앞에 와야 한다.

⑩ 我们/ {不}**是**坐[火车]来**的**, **是**坐[飞机]来**的**。

zuò(타다) huǒchē(기차) fēijī(비행기)

우리는 기차를 타고 온 것이 아니라 비행기를 타고 왔다.

⑪ (这个)主意// **是**谁/ 出**的**？

zhǔyi(생각, 아이디어) shéi(누구) chū(내다)

이 안은 누가 낸 거지?

⑫ **是**谁/ 告诉[你]**的**?

gàosu(알리다)

누가 네게 알린 거지?

⑬ (今天)晚饭// 我/ **是**吃**的**[面条], {不}**是**吃**的**[米饭]。

wǎnfàn(저녁밥) miàntiáo(국수) mǐfàn(쌀밥)

오늘 저녁은 난 국수를 먹었지, 밥을 먹은 것은 아니야.

⑭ (她的)眼睛/红// {恐怕}**是**哭**的**。

yǎnjing(눈) hóng(붉다) kǒngpà(아마도) kū(울다)

그녀의 눈이 빨간 것은 아마 울어서일 거야.

2) 是…的**문**Ⅱ

是…的문Ⅱ 사이에는 주로 「조동사+동사」나 「동사+가능보어」

가 온다. 드물게 형용사, 동사 등이 단독으로 오기도 한다. 이 문형은 화자의 관점이나 태도 등을 설명하는데 초점이 있다.

① 他/ **是**{一定}{愿意}去**的**。
yīdìng(반드시) yuànyì(~하려 하다)
그는 반드시 가려고 할 거야.

② (那个)字/ 是{可以}查<到>的。
kěyǐ(~할 수 있다) chá(찾다)
그 글자는 (반드시) 찾아낼 수 있다.

③ 我们/ {这样}做//**是** 对**的**。
zuò(하다) duì(옳다)
우리가 이렇게 하는 것은 (확실히) 옳다.

④ 这//**是** 我们/{应该}做**的**。
yīnggāi(~해야 된다) zuò(하다)
이것은 저희가 마땅히 해야 될 일인 걸요.

이 是…的문 II의 부정형식은 是…的문 I 과 달리 「是+不+술어+的」의 형태로 쓰인다. 이중부정일 경우 완곡하게 혹은 강하게 긍정함을 표현하는 데 사용된다.

⑤ 你们/ {这样}做//**是** {不}对**的**。
너희들이 이렇게 하는 것은 (결코) 옳지 않다.

⑥ 问题/ {不}**是**{不}{能} 解决**的**。

wèntí(문제) néng(~할 수 있다) jiějué(해결하다)

문제가 해결될 수 없는 것은 아니다.

⑦ (那件)事// 我们/ {并}{不}**是**办<不到>**的**。

jiàn(~건) shì(일) bìng(결코) bàn(처리하다)

그 일은 우리가 해결할 수 없는 것은 결코 아니다.

8. 심화학습

8.1 시간 표현과 동작상

1) 시간 표현

시제tense는 일반적으로 동사와 관계한다. 시제란 발화시를 중심으로 앞뒤의 시간을 제한하는 문법범주를 가리킨다. 즉 발화시를 중심으로 시간을 지시하는 「지시성」이 있다.

이 시제는 일반적으로 「과거」·「현재」·「미래」 세 부분으로 나눈다. 영어에 있어서는 동사의 형태 변화에 따라서 나타내는 행위·상태의 시간 관계를 표시하여 「과거시제」·「현재시제」·「미래시제」로 나눈다.

모든 언어에 「과거·현재·미래」라는 「때 time」는 모두 있지만, 시제라는 형식은 다 있는 것이 아니다. 다시 말하면 중국어에도 「과거·현재·미래」를 표시하는 방법은 있지만, 이런 시제 형식은 없다. 즉 시간 관계에 따라서 동사가 형태 변화를 하지 않는다는 것이다. 중국어는 나름대로의 방식, 즉 주로 시간사나 시간과 관련된 조사·부사 등으로 표시한다. 다음은 李临定(1990)이 분석한 기본적인 중국어 시간 표현 방법이다. 중국어에서 「과거 · 현재 · 미래」를 이러한 몇 가지 방법만으로 표현하지는 않지만, 중국어 시간 표현을 익히는데 유리하다고 판단되어 소개한다. 동작상은 2) 「동작상」에서 소개한다.

(1) 현재시

지시성이 없는 경우에는 시제에 구애받지 않고 현재시를 쓴다. 즉 시간에 구애되지 않는 보편적 사실, 미래시라도 시간 관계를 직접 지시하지 않는 경우에는 현재시를 쓴다.

① 地球/ 环绕 [太阳]。
dìqiú(지구) huánrào(주위를 돌다) tàiyáng(태양)
지구는 태양을 돈다.

② 我/ {明天} 坐[飞机]去.
fēijī(비행기)
나는 내일 비행기로 간다.

현재 진행 중에 있는 것은 현재시로 표현하거나, 부사「在」「正」「正在」나 어기조사 「呢」로 다음과 같이 표현할 수 있다. 특히 「在」는 동사、전치사 용법도 상용되기 때문에 주의해야 한다.

③ 他/ {现在} 念 [书]。
xiànzài(지금)
그는 지금 책을 읽고 있다.

④ (一家)人/ {都}{在} 看 [电视]。

jiā(양사: 가정) diànshì(텔레비전)

온 가족이 모두 TV를 보고 있다.

⑤ 我/ {正} 问 [他]呢。

zhèng(부 ~하는 중이다) wèn(묻다)

내가 지금 그에게 묻고 있는 중이다.

⑥ 他/ {在那儿} 玩。

zài(전 ~에서) wán(놀다)

그는 그곳에서 놀고 있다.

⑦ 他们/ {正}{在图书馆} 找 [资料]。

zài(전 ~에서) túshūguǎn(도서관) zhǎo(찾다) zīliào(자료)

그들은 도서관에서 자료를 찾고 있는 중이다.

(2) 과거시

과거시는 주로 시간을 표시하는 명사(어제, 작년 등)와 부사(이미, 벌써, 방금 등)로 표시할 수 있고, 또 동태조사와 특정 문형으로도 나타낼 수 있다. 특히 「(曾经céngjīng)동过」·「(已经)동…了」·「(是)…的문 I」[1] ·「동…+***来着***」등의 형식으로 표현된 경우는 과거시로 간주될 수 있다.

① {昨天} 他/ {很} 生 [气]。

zuótiān(어제) shēng/qì(화가 나다, 화를 내다)

어제 그는 아주 화가 났었다.

1) 「是…的문 I」에 관해서는 237쪽 是…的문 I 참조.

② 他/ {当时}{正在} 哭。
dāngshí(당시) kū(울다)
그는 당시에 울고 있었다.

③ 我/ {从来}{没有} 灰[心]。
cónglái(여태) méiyǒu(부 부정표시) huī/xīn(낙심하다)
나는 지금까지 낙심하지 않았다.

「已经+술어부+了」가 과거시에 한 번 이루어진 것을 나타낸다면, 「동+过」는 한번 혹은 그 이상의 과거 경험을 표시한다.

④ 我/ 去过 (他)[家]。
나는 그의 집에 간 적이 있다.

⑤ 我/ {已经} 吃 [饭]了。
나는 이미 (밥을) 먹었다.

⑥ 我/ {已经} 吃了 (一碗)[饭]了。
wǎn(양사: 그릇)
나는 이미 밥을 한 그릇 먹었다.

⑦ 我/ {已经} 同意 【{这样}做】 了。
tóngyì(동의하다)
나는 이미 이렇게 하기로 동의했다.

⑧ 我/ 教了<三十年> [中文]了。 ☞ 159쪽 시량보어
나는 (지금까지) 삼십 년 동안 중국어를 가르쳐왔다.

⑨ 我/ 教了<三十年> [中文]。[2]

나는 삼십 년 동안 중국어를 가르쳤었다.

위 예문의 부정은 「没」「没有」를 써야 한다. 이 때 긍정문에 「已经」이나 동태조사 「了」가 있는 경우 이 「没」「没有」와 같이 써서는 안 되며, 긍정문에「过」가 있을 경우 같이 써야 된다.

⑩ {昨天} 他/ {没} 生[气]。

어제 그는 화가 나지 않았다.

⑪ 他/ {当时}{没} 哭。

그는 당시에 울지 않았다.

⑫ 我/ {没} 吃 [饭]。

나는 밥을 먹지 않았다.

⑬ 我/ {没} 去过 (他)[家]。

나는 그의 집에 간 적이 없다.

⑭ 我/ {没} 同意 [这样做]。

나는 이렇게 하기로 동의하지 않았다.

만일 「不」로 부정을 하게 되면 「완료」를 부정하는 것이 아니라, 「의지」를 부정하게 된다. 또 「已经+술어부+了」 형식에 「不」가 삽입되면 변화된 상황을 나타낸다.

---

2) 예문⑧이 지금까지 계속 가르쳐 왔음을 나타낸다면, 예문⑨는 과거 어느 때에 가르친 적이 있음을 의미한다고 할 수 있다.

⑮ 我/ {不} 吃 [饭]。

나는 (밥을) 먹지 않는다.

⑯ 我/ {不} 同意 [这样做]。

나는 (이렇게 하기로) 동의하지 않는다.

⑰ 我/ {已经}{不} 抽[烟]了。

chōu/yān(담배를 피우다)

나는 이미 담배를 피우지 않는다.

「是…的문 I」은 과거 이미 발생한 사건에 대한 발생시간, 발생장소 등 상황을 설명하는 문형이다. ☞ 237쪽 是…的문 I 참조.

⑱ 他/ **是**{昨天} 来**的**。

그는 어제 온 거야.

⑲ 你/ **是**{在哪儿} 学**的**[汉语]?

你/ **是**{在哪儿} 学[汉语]**的**?

너는 어디서 중국어를 배웠느냐?

⑳ 我/ **是**{从农村}来**的**。*-

cóng(~에서) nóngcūn(농촌)

저는 농촌에서 왔어요.

㉑ 他/ **是**{昨天} 告诉[我]**的**。

gàosu(알리다)

그는 어제 나에게 알려 주었다.

「동…+***来着***láizhe」 형식은 일반적으로 얼마 전에 발생한 일을 나타낸다. 「***来着***」는 조사로 문장 끝에 온다. 이 문형은 발화 시점과 비교적 먼 일에 대해서는 이 형식을 사용할 수 없다.

㉒ 我/ 问[他]***来着***, 他/ 说 [不知道]。
나는 (방금) 그에게 물었는데, 그는 모른다고 한다.

㉓ 我/ {刚才} 打[电话]***来着***。
나는 방금 전화 걸었다.

㉔ {前年一月} 我/ 去过 [北京]。
* 前年 一月 我 去 北京 ***来着***。* 는 비문 표시.
재작년 일월에 나는 북경에 갔었다.

주의할 것은 중국어의 동태조사는 「了」는 완료상을 나타내기 때문에, 과거시 뿐 아니라 미래시에도 쓰인다는 점이다.

㉕ 他/ 开了[门], 你/ {就} 进<去>。
그가 문을 열면, 네가 들어가라.

(3) 미래시

미래시는 주로 시간을 표시하는 명사(내일, 내년 등)와 조동사(要: ~해야 한다, 会: ~할 것이다 등) 그리고 부사(马上곧, 将要장차 등)로 표시할 수 있고, 또 특정 문형으로도 나타낼 수 있다. 특히 「(快/就)+要+동…了」형식으로 미래시를 나타낼 수 있다.

① 你/ {明天}{再} 来。

míngtiān(내일) zài(다시)

너 내일 다시 와라.

② {最}{好} 你/ {明天} 来。

zuì(제일) hǎo(좋다) míngtiān(내일)

제일 좋기는 너는 내일 와라.

③ 我/ {要} 去[上海], 你/ 有{没}有(什么)[事情]{要}办?

yào(~해야 한다) bàn(처리하다)

나는 上海에 가려고 하는데, 너 무슨 처리해야 될 일이 있느냐?

④ {明天}{会} 下[雪]。

xuě(눈)

내일은 눈이 올 거야.

⑤ {开饭以前} 我/ {会}来**的**。

kāi fàn(상을 차리다) yǐqián(이전) huì(할 수 있다)

상을 차리기 전에 난 (틀림없이) 올 거야.

* 的는 어기조사로 화자의 확신을 나타냄.

⑥ {要} 下[雨]了。

yào~le(막 ~하려 하다) yǔ(비)

비가 오려고 한다.

⑦ 我/ {快}{**要**} 毕业了.

bì/yè(졸업하다: 동목이합사)

나는 곧 졸업한다.

「(快/就)+要+동…了」의 형식은 발화 시점과 가까운 장래에 일어날 일을 표현한다. 이 형식에서 대개「要」를 생략한 형태로「주의 환기 · 재촉」등의 의미를 나타내기도 한다.

⑧ 吃 [饭]了。{快} 进<来>吧。
곧 밥 먹으려 한다. 빨리 들어와라.

⑨ 走了。走了。
간다. 곧 간다(떠난다).

2) **동작상**

동작상은 시간과 관련이 있지만, 시제(tenses)는 아니다. 동작상은 주로 동작의 진행 과정이나 상황 변화를 나타낸다.[3)]

(1) 了

동태조사「了」가 붙으면 동사가 나타내는 동작·사건이 일어났음(실현되었음)을 나타낸다. 즉「말하는 시점에서 보았을 때 그런 동작 · 일이 이미 있었다」는 것을 의미한다. 그러므로 이 경우 목적어는 대개 구체적임을 나타내는 수량사구를 동반한다. 만일「술어+了」다음에 오는 목적어가 수식어 없이 올 경우 부가설명을 하는 문장이 이어지지 않으면 비문이 된다[4)] 동태조사「了」

3) 房玉清(1994:446-476), 李英哲등(1990:173-195) 참조.
4) 아래 예문①은 비문이다. 완료된 사건임에도 불구하고 진술이 구체적이지 못하기 때문이다. 따라서 예문②처럼 부가 설명을 하든가, 예문③처럼 어기조사로 문장을 완성해야 한다.
① *吃了饭。
② 吃了饭, 再说。(밥을 먹고, 이야기하자)
③ 吃了饭了。(밥을 먹었다.)

는 '완료'를 의미하기 때문에 과거시에 자주 쓰여지나, 미래시에도 쓰여질 수 있다.

① 我/ {已经} 吃了。
yǐjīng(이미) chī(먹다)
나는 이미 먹었다.

② 他/ {去年} 死了。
qùnián(작년) sǐ(죽다)
그는 작년에 죽었다.

③ 我/ 忘了 (他的)[名字]。
wàng(잊다) le(동태조사) tā(그) de(~의) míngzì(이름)
나는 그의 이름을 잊었다.

④ {昨天} 下了 (一场)(大)[雨]。
zuótiān(어제) xià(내리다) chǎng(~차례, ~바탕)
dà(크다) yǔ(비)
어제 큰 비가 한 차례 내렸다.

⑤ 他/ 睡了<三个钟头>。☞ 159쪽 시량보어
shuì(자다) le(동태조사) sān(셋) ge(~개) zhōngtou(시간)
그는 세 시간 동안 잤다.

⑥ 我/ 见<到>了 (李)[老师]。☞ 112쪽 결과보어.
jiàn(보다 · 만나다) dào(결과보어) le(동태조사)

Lǐ(姓) lǎoshī(선생)
나는 李선생님을 만났다.

⑦ 我/ 想<出来> (那个)[字]了。☞129쪽 추향보어.
xiǎng(생각하다) chulai(추향보어) le(동태조사) nà(그)
gè(~개) zì(글자)
나는 그 글자를 생각해 냈다.

어기조사 「了」는 문장 끝에 오며 문장이 의미하는 사건이 '변화'된 것을 나타내고 또 문장 전체를 완성하는 역할을 한다. 이 변화는 한 상황이 끝나고(완료) 다른 상황이 전개되는 것이기 때문에 동태조사 「了」의 '완료'의 의미와 서로 통하는데 다른 점은 「화자가 말하는 시간(대개 현재)과 관련된 변화」와 「문장의 의미상 완성」에 있다. 또 어기조사 「了」는 문장 끝에 오기 때문에 동태조사와 달리 앞에 명사·형용사 등 술어로 오는 모든 단어가 다 올 수 있다.

⑧ 他/ 是 [大学生]了。
shì(~이다) dàxuéshēng(대학생) le(어기조사)
그는 이제 대학생이 되었다.

⑨ 我/ {已经}{不} 抽[烟]了。
yǐjīng(이미) bù(否定) chōu yān(담배 피다) le(어기조사)
나는 이미 담배를 피우지 않는다. (이전에는 피웠는데 지금은 피우지 않음)

⑩ 唉呀! 十一点半了!

āiyā(아이쿠) shíyī(11) diǎn(~시) bàn(반) le(어기조사)

아이쿠, (벌써) 열한 시 반이나 되었네!

⑪ 汤/ 咸了。

tāng(국) xián(짜다) le(어기조사)

국이 이제 (적당히) 짜졌다.

⑫ {别}{再} 说 [这些]了。

zài(다시) shuō(말하다)

이런 것들을 더 이상 거론하지 말아라(말자).

다음은 어기조사 「了」가 동태조사 「了」와 같이 쓰여진 경우이다.

⑬ 我/ 写了 (三封)[信]。

xiě(쓰다) le(동태조사) sān(셋) fēng(~통) xìn(편지)

나는 편지를 세 통 썼다.

⑭ 我/ 写了 (三封)[信]了。

xiě(쓰다) le(동태조사) sān(셋) fēng(~통) xìn(편지)
le(어기조사)

나는 (지금까지) 편지를 세 통 썼다.

연습문제

다음 문장을 중국어로 작문하시오.

① 그는 꽃을 한 송이 샀다.

tā(그) mǎi(사다) le(동태조사) yī(하나) duǒ(~송이) huā(꽃)

② 그는 이 회의에 참가했다.

tā(그) cānjiā(참가하다) le(동태조사) huìyì(모임·회의)

③ 엄마는 만두를 몇 개 먹었다.

māmɑ(엄마) chī(먹다) le(동태조사) jǐ(몇) jiǎozi(만두)

④ 아이가 녹음기를 건드렸다.

háizi(아이) dòng(건드리다) le(동태조사) lùyīnjī(녹음기)

---

① 답 他/买了(一朵)[花]。
② 답 他/参加了(这个)[会议]。
③ 답 妈妈/吃了(几个)[饺子]。
④ 답 孩子/动了[录音机]了。

⑤ 맥주는 단지 한 병 마셨을 뿐이다.
píjiǔ(맥주) zhǐ(단지) hē(마시다) le(동태조사) píng(~병)

⑥ 그는 외국어 노래는 두 세 곡 부를 수 있다.
wàiwén(외국어) gē(노래) néng(~할 수 있다)
chàng(노래하다) liǎng(둘) sān(셋) shǒu(~곡·수)

⑦ 그는 이제 운전을 할 수 있게 되었다.
huì(~할 수 있다) kāi(운전하다) chē(차) le(어기조사)

⑧ 비가 온다. (이전에는 몰랐었는데, 지금 비가 오는 것을 알았다)
xià(내리다) yǔ(비) le(어기조사)

⑨ 선생님은 반 전체를 향해 그를 칭찬했다.
lǎoshī(선생님) xiàng(~를 향해) quán(전체의) bān(반)
biǎoyáng(공개적으로 칭찬하다) le(동태조사) tā(그)

---

⑤ 답 啤酒/{只}喝了[一瓶]。
⑥ 답 他//(外文)歌/{能}唱[两三首]。
⑦ 답 他/{会}开[车]了。
⑧ 답 下[雨]了。
⑨ 답 老师/{向全班}表扬了[他]。

(2) 着

동태조사 「着」는 주로 「동작의 진행이나 상태 지속」을 나타낸다.

① 外面/ 下着 [雨]。

wàimiàn(밖) xià(내리다) zhe(동태조사) yǔ(비)

밖에는 비가 오고 있다.

② 他/ {在客厅里} 睡着。

zài(~에서) kètīng(응접실) li(안) shuì(잠자다)

그는 응접실에서 자고 있다.

③ 窗户/ 开着。

chuānghu(창문) kāi(열다) zhe(동태조사)

창문이 열려 있다.

④ {当时} 我/ 穿着 (红)[衣服]。

dāngshí(당시) chuān(입다) zhe(동태조사)

hóng(붉다) yīfu(옷)

당시 나는 빨간 옷을 입고 있었다.

⑤ A: {你走进大门的时候}, 灯/ 开着{没有}?

dàmén(대문) shíhou(때) dēng(등) kāi(켜다)

네가 대문에 들어섰을 때 등이 켜져 있었니?

B: {没}开着, 关着呢。

켜져 있지 않았어. 꺼져 있었어.

「着」는 연동문의 제1동사구로 사용되어 제2동사구의 「배경(상태 · 방식)」이 된다. 즉 「…한 상태로」 혹은 「…하면서」의 뜻으로 사용된다.

⑥ 他/ 站着喝[酒]。☞ 212쪽 연동문
zhàn(서다) hē(마시다) jiŭ(술)
그는 서서 술을 마신다.

⑦ 他/ 光着[脚]上[课]。☞ 연동문
guāng(노출하다) jiăo(발) shàng kè(수업을 하다)
그는 맨발로 수업을 했다.

⑧ 他/ 听着[收音机]睡<着>了。
☞ 212쪽 연동문. 112쪽 결과보어
tīng(듣다) shōuyīnjī(라디오) shuì(잠자다) zháo(결과보어) le(동태조사)
그는 라디오를 들으면서 잠들었다.

「着」는 상태 지속을 나타내기 때문에 「존재」를 나타내는 존현문에서도 잘 쓰인다. ☞ 228쪽 존현문 참조.

⑨ 里面/ 坐着(一个)[人], 旁边/ 站着(几个)[人]。
lĭmiàn(안) zuò(앉다) pángbiān(옆) zhàn(서다)
안에는 어떤 사람이 앉아 있는데, 옆에는 몇 사람이 서 있다.

⑩ (这些车的)(车)窗/ {都}开着，里面/ 坐着(一个)[人]。

chē(차) chuāng(창문)

이 차들의 차창은 모두 열려져 있었고, 안에는 어떤 사람이 한 명 앉아 있었다.

동태조사 「着」도 '동작의 진행'을 나타낼 수 있지만, 진행을 표시하는 부사 「在 · 正 · 正在」와 모든 경우에 다 같이 사용될 수 있는 것은 아니다. 연동문의 제1동사구나 존현문의 술어로 사용될 경우 일반적으로 「在 · 正 · 正在」와 함께 사용될 수 없다.

⑪ 他/ {正}上着[课]呢。

그는 지금 수업을 하고 있다.

⑫ 我们/ {正在}忙着〖了解[情况]〗。

máng(동 급히 ~하다) liǎojiě(이해하다) qíngkuàng(상황)

우리는 지금 급히 상황을 파악하고 있다.

연습문제

다음 문장을 중국어로 작문하시오.

① 왼손에는 책가방을 들고 있고, 오른손에는 물주전자를 들고 있다.
zuǒshǒu(왼손) ná(가지다, 들다) shūbāo(책가방)
yòushǒu(오른손) tí(들다) shuǐhú(물주전자)

② 그들은 이야기를 나누고 있다.
tāmen(그들) tán huà(이야기를 나누다) ne(어기조사)

③ 우리는 지금 뉴스보도를 듣고 있는 중이다.
zhèngzài(~하는 중이다) xīnwén(뉴스) bàodào(보도)

---

① 답 左手/拿着[书包], 右手/提着[水壶]。
② 답 他们/谈着[话]呢。
③ 답 我们/{正在}听着[新闻报道]呢。

④ 방 안의 등이 아직 켜져 있다.

wū(방) li(안) de(구조조사) dēng(등) hái(여전히) liàng(빛을 내다) zhe(동태조사)

⑤ 그는 손에 중국어사전을 한 권 가지고 있다.

shǒu(손) shang(위) ná(손에 가지다) zhe(동태조사) běn(~권) hànyǔ(중국어) cídiǎn(사전)

⑥ 그 사람은 꽃 한 묶음을 들고 있다.

ná(가지다, 들다) bǎ(~묶음) huā(꽃)

---

④ 답 (屋里的)灯/{还}亮着。

⑤ 답 他/{手上}拿着(一本)(汉语)[词典]。

⑥ 답 (那个)人/拿着(一把)[花]。

(3) 过

동태조사 「过」는 대개 시점이 불확실한 과거에 적어도 한 번은 동사가 나타내는 바의 행위·사건을 경험했었다는 것을 표현한다. 부정은 일반적으로 「没」로 하며, 「过」는 「了」와는 달리 '과거의 경험'에 초점이 있기 때문에 「没」와 같이 쓸 수 있다.

① 他/ 吃过 (中国)[菜]。
chī(먹다) guo(동태조사) Zhōngguó(중국) cài(음식·요리)
그는 중국 음식을 먹어본 적이 있다.

② 他/ {没}吃过 (中国)[菜]。
그는 중국 음식을 먹어본 적이 없다.

③ 你/ 吃过 (中国)[菜] {没有}?
너는 중국 음식을 먹어본 적이 있느냐?

④ 我/ 见过 [他]。
jiàn(보다 · 만나다) guo(동태조사)
나는 그를 만난 적이 있다.

⑤ A: 你/ {来中国以前} 学过 [汉语]吗?
너는 중국에 오기 전에 중국어를 배운 적이 있니?

B: {没}学过。
배운 적 없어.

⑥ A: {以前}, 你/ 来过 [北京]吗?
이전에 너는 베이징에 온 적이 있니?

B: 来过<两次>。
두 번 온 적이 있어.

⑦ A: 你/ 去过<几次> [颐和园]?
너는 이허위앤(Yíhéyuán)에 몇 번 가 보았니?

B: 两次, 你呢?
두 번, 너는?

A: 我/ 去过<五次>。
난 다섯 번 가 보았어.

동태조사 「过」가 동작이나 사건이 과거에 일어났음을 나타내기 때문에 동태조사 「了」와 함께 쓸 수 있다.

⑧ (这个) 电影// 我/ {昨天} 看过 了。[5)]
zuótiān(어제) kàn(보다) diànyǐng(영화)
이 영화는 나는 어제 보았다.

단, 「过」가 「曾经céngjīng」과 함께 사용될 수 있는 경우에는 일반적으로 「了」와 함께 사용하지 않는다. 즉 비교적 오래 시간 이전에 동작이나 사건이 종결되었으며 '지금은 이미 존재하지 않음'이 부각될 경우 「了」를 같이 쓰지 않는다.

5) 看이 목적이를 가질 때 일반적으로 「?我/{昨天}看过了(这个)[电影]。」라고 하지 않고, 「我/{昨天}看过(这个)[电影]了。」라고 한다. 문장 앞의 ?표시는 문장성립 여부가 의심스러운 문장을 뜻함.

⑨ 我/ {曾经}{在上海} 住过<几年>。

céngjīng(부 일찍이) zhù(거주하다)

나는 일찍이 상하이에서 몇 년 동안 산 적이 있었다.

「曾经」은 「已经」에 비해서 동작이나 사건이 비교적 오랜 시간 전에 일어났으며, 동작이 이미 종결되었고 상태가 더 이상 존재하지 않음을 나타낸다. 「曾经」은 주로 「过」와 함께 쓰이며 긍정문에서만 사용된다. 「已经」은 동작이나 사건이 비교적 오래지 않은 시간 전에 일어났거나 완료되었으며 현재(발화시점)까지 지속될 수도 있고 주로 「了」와 함께 쓰인다는 점에서 「曾经」과 다르다.

⑩ 他/ {曾经} 学过<三年> [汉语], {现在}{已经}{不} 学习了。

그는 일찍이 중국어를 삼 년 동안 배운 적이 있었는데, 지금은 이미 배우지 않는다.

⑪ 他/ {已经}学了<三年>[汉语], {可能}{仍}{在}{继续} 学习。

kěnéng(부 아마) réng(부 여전히) jìxù(부 계속, 끊임없이)

그는 이미 중국어를 삼 년 동안 배웠는데, 아마 여전히 배우고 있을 것이다.

⑫ 他/ {曾经}结过 [婚], {现在} 没有 [妻子]。

ié/hūn(결혼하다: 동문이합사) qīzi(아내, 처)

그는 일찍이 결혼한 적이 있었는데, 지금은 아내가 없다.

⑬ 他/ {已经} 结了[婚], {现在} 有 [妻子]。

그는 이미 결혼을 했으며, 지금 아내가 있다.

「过」는 동사 기능도 있어서 동사술어나 추향보어로도 사용될 수 있기 때문에 혼동하지 말아야 한다. 또 다른 어소와 결합하여 전치사「通过」, 부사나 접속사「不过」로도 사용된다.

⑭ (女)运动员/ 过<来>了。☞ 129쪽 추향보어.

nǚ(여자) yùndòngyuán(운동선수)

여지 운동선수가 (이리로) 왔다.

⑮ {通过这次参加活动}, 我们/ 学了 {好}(多)[东西]。

tōngguò(전 ~를 통해서) cì(~번) cānjiā(참가하다)

huódòng(프로그램) xué(배우다) hǎo(매우)

duō(많다) dōngxi(사물)

이번 프로그램 참가를 통해서, 우리는 아주 많은 것들을 배웠다.

⑯ 我/ {不过} 问问 [价钱] **罢了**。

bùguò(부 ~할 뿐이다) wèn(묻다) jiàqián(가격)

bàle(조 뿐이다)

나는 가격을 좀 물어볼 뿐이다.

⑰ (这么)(多)地方/ 跑<得过来>吗? ☞ 138쪽 가능보어.

zhème(이렇게) duō(많다) dìfang(곳) pǎo(뛰다)

이렇게 많은 곳을 다 다닐 수 있니?

⑱ (这件)事// 谁/ {都}知道, ***不过*** 大家/ {不}说 ***就是了***。

jiàn(~건) shì(일) shéi(누구) dōu(모두) zhīdào(알다)

bùguò(접그러나) dàjiā(모두) shuō(말하다)

jiùshìle(조 뿐이다)

이 일은 누구나 다 알고 있다. 그러나 모두 말하지 않을 뿐이다.

연습문제

다음 문장을 중국어로 작문하시오.

① 작년에 나는 만리장성에 간 적이 있다.
qùnián(작년) wǒ(나) qù(가다) Chángchéng(만리장성)

② 나는 고등학교에 다닐 때 중국어를 배운 적 있다.
niàn(~에 다니다) gāozhōng(고등학교) shíhou(때)

③ 재작년에 나는 이 선생님의 수업을 들은 적 있다.
qiánnián(재작년) shàng kè(수업을 받다·하다)
lǐ(姓) lǎoshī(선생님)

④ 나는 어제 이 영화를 보았다.
zuótiān(어제) diànyǐng(영화)

---

① 답 {去年}我/去过[长城]。
② 답 我/{念高中的时候}学过[汉语]。
③ 답 {前年}我/上过(李老师的)[课]。
④ 답 我/{昨天}看过(这个)[电影]了.

⑤ 그분은 일찍이 교장을 역임하셨다.

tā(그) céngjīng(일찍이) dāng(맡다) xiàozhǎng(총장·교장)

⑥ 이 소설은 난 본 적이 없다.

běn(~권) xiǎoshuō(소설) méiyǒu(완료부정) kàn(보다)

⑦ 우리는 이미 이 문제를 이야기한 적 있다.

yǐjīng(이미) tán(대화하다) wèntí(문제)

⑧ 어제 그를 만난 적이 있다.

zuótiān(어제) jiàn(만나다·보다)

⑨ 내일 너는 밥을 먹고 와라.

míngtiān(내일) chī(먹다) fàn(밥) lái(오다) bɑ(어기조사)

---

⑤ 답 他/{曾经}当过[校长]。
⑥ 답 (这本)小说//我/{没有}看过。
⑦ 답 我们/{已经}谈过(这个)[问题]。
⑧ 답 {昨天}我/见过[他]。
⑨ 답 {明天}你/吃过[饭]来吧。

8.2 중첩

동일한 단어가 중첩된 경우는 동사 뿐 아니라 상태사[6]나 양사일 수 있다. 양사가 중첩되면 「每一(~마다)」의 뜻이 되는데, 이 책에서는 더 설명하지 않는다.

단음절 단어의 경우 동사인 경우에는 단어 중첩 사이에 부사 「一」가 오거나, 동태조사 「了」와 부사 「一」가 함께 올 수 있다. 또 그 뒤에 바로 명사(구)가 목적어로 올 수 있다. 이렇게 동사가 중첩이 되면 음절수에 관계없이 「좀(잠시) ~해보다」의 「잠시상」을 나타낸다. 「一」가 없는 경우 중첩된 두 번째 음절은 경성이다.

① 我们/ 走{一}走。
wǒmen(우리) zǒu(가다)
우리 좀 걷자.

② 你/ 试{一}试。
shì(시험 삼아 해보다)
네가 좀 해 봐라.

③ 他/ 睡{一}睡 {就}好。
shuì(잠자다) jiù(~하면 ~할 것이다) hǎo(좋다)
그는 좀 자고 나면 괜찮을꺼야.

④ 你/ 尝{一}尝。
cháng(맛보다)
네가 맛을 좀 보아라.

---

6) 「好好」,「高高兴兴」와 같이 형용사가 중첩되어 있거나, 「热乎乎」, 「糊里糊涂」와 같이 부가성분이 붙어 만들어진 단어.

⑤ 你/ {在这儿} 看{一}看 [书], 我/ {马上} 回<来>。

zài(~에서) shū(책) mǎshàng(곧) huí lái(돌아오다)

너는 여기서 책을 좀 보고 있어라. 나는 곧 돌아오겠다.

⑥ 你/ 教{一}教 [他们] [汉语]。

jiāo(가르치다) Hànyǔ(중국어)

네가 그들에게 중국어를 좀 가르쳐 주어라.

반면 단음절 단어가 중첩되어진 「상태사」의 경우는 단어 뒤에 「儿」[7]이 올 수 있고(이 경우 제2음절 성조는 제1성으로 발음될 수 있다), 대개 구조조사 「的」나 「地」가 온다.

⑦ 眼睛/ 大大 的。

yǎnjīng(눈) dàdā(아주 크다) de(어기조사)

눈이 아주 크다.

⑧ (高高的) 个子

gāogāo(아주 크다) de(구조조사) gèzi(키)

아주 큰 키

⑨ {慢慢儿地} 好<起来>。☞ 129쪽 추향보어

mànmānr(아주 느리다) de(구조조사) hǎo(좋아지다)

qilai(추향보어: 시작되다)

점점 좋아지다.

---

7) 음절 뒤에 권설모음인 儿을 붙여 전체 음절을 권설음화하는 현상을 儿化라고 한다. 「一会儿」은 「yīhuìr」로 표기하지만, 실제 발음은 「yíhùər」이 되는 것처럼 儿化가 되면 음이 변화하는데, 이런 변음현상은 회화책이나 사전 일러두기 등에 잘 설명되어 있다.

중첩 형태가 「ABB」인 상태사는 얼핏 보면 단음절 중첩으로 잘못 볼 수 있다. 이 경우도 위에 든 예와 마찬가지로 대개 구조조사 「的」나 「地」가 오기 때문에 단음절 동사 중첩과는 쉽게 구별이 된다.

⑩ {笑嘻嘻地} 说。

xiàoxīxī(작은 소리로 웃다) shuō(말하다)

기쁘게 (약간 소리 내어) 웃으면서 말하다.

⑪ 他/ {一}说 [话] {就} 笑眯眯的。

shuō(말하다) huà(말) yī~jiù~(~하자마자 ~)

xiàomīmī(미소짓다)

그는 말을 꺼내자마자 얼굴에 온통 미소가 가득해졌다.

⑫ (绿油油的)(一片) 草原。

lǜyóuyóu(푸르고도 매끄럽다) piàn(~조각) cǎoyuán(초원)

푸르고도 매끄러워 보이는 초원.

⑬ (胖乎乎的)/ 是 [小金]。

pànghūhū(통통하다) shì(~이다) xiǎojīn(김군)

통통한 것은 김군이다.

이음절 동사의 경우 중첩 시 대개 「ABAB」 형태가 된다.

⑭ {应该} 研究研究 (这个) [问题]。

yīnggāi(마땅이 ~해야된다) yánjiū(연구하다) wèntí(문제)

마땅이 이 문제를 좀 연구해 보아야 한다.

⑮ 你/ {还是} 考虑考虑吧。

háishi(그래도, 역시) kǎolǜ(고려하다)

당신이 그래도 좀 고려해 주십시오.

반면 이음절 형용사가 중첩된 상태사는 대개「AABB」형태이다.

⑯ (她穿的) 衣服/ 漂漂亮亮的。

chuān(입다) yīfu(옷) piàopiaoliangliang(아주 아름답다)

그녀가 입고 있는 옷은 아주 아름답다.

⑰ 他/ {在学校} 老老实实, {认真} 读[书]。

zài(~에서) xuéxiào(학교) lǎolaoshíshí(아주 성실하다)

rènzhēn(열심이다) dú shū(책을 읽다·공부하다)

그는 학교에서 아주 성실하고 열심히 공부한다.

⑱ (干干净净的) 床单

gānganjìngjìng(아주 깨끗하다) chuángdān(침대보)

아주 깨끗한 침대보

⑲ 洗得 <干干净净的>。☞ 186쪽 양태보어

xǐ(씻다) gānganjìngjìng(아주 깨끗하다)

아주 깨끗이 씻었다.

⑳ 整理得 <清清楚楚的>。☞ 양태보어

zhěnglǐ(정리하다) qīngqingchǔchǔ(아주 말끔하다)

아주 말끔히 정리했다.

상태사의 경우에도 동사와 같이 중첩 형태가 「ABAB」인 경우가 있다. 하지만 이 경우는 거의 대부분 구조조사 「的」과 함께 사용되므로 쉽게 구별이 된다.

㉑ (笔直笔直的) (一条)马路

bǐzhí(붓처럼 곧다) tiáo(~줄기) mǎlù(길)

아주 곧게 뻗은 길.

㉒ 手/ 冻得<冰凉冰凉的>。☞ 186쪽 양태보어

shǒu(손) dòng(얼다) bīngliáng(얼음처럼 차갑다)

손이 어찌나 얼었는지 얼음처럼 차다.

연습문제

다음 문장을 중국어로 작문하시오.

① 이 소설책을 좀 보세요.

kàn(보다) zhè(이) běn(~권) xiǎoshuō(소설)

② 이 문제를 좀 고려해 보세요.

kǎolǜ(고려하다) zhè(이) ge(~것) wèntí(문제)

③ 우리 밖으로 가서 좀 걷자.

dào(가다) wàimiàn(밖) zǒu(걷다)

④ 이 음식은 그런대로 괜찮아요. 당신이 맛 좀 보세요.

cài(요리 · 음식) hái(그래도) kěyǐ(봐줄 만 하다) cháng(맛보다) kàn(보다)

---

① 답 看看(这本)[小说]。
② 답 考虑考虑(这个)[问题]。
③ 답 我们/到[外面]走走。
④ 답 (这个)菜/{还}可以, 你/尝尝*看*。

⑤ 우리 자전거로 좀 겨루어볼까.

wǒmen(우리) yòng(~를 이용해서) zìxíngchē(자전거) bǐ(비교하다 · 겨루다)

⑥ 이 방안은 좀 더 연구되어야 한다.

fāngàn(방안) hái(더) yào(~해야 된다) yánjiū(연구하다)

⑦ 우리 밖에 가서 몸을 좀 풀자.

zánmen(우리) dào(~로) wàimiàn(밖) qù(가다)
huódòng(몸을 움직이다)

⑧ 너 너무 피곤하게 하지 마. 좀 쉬었다가 해라.

bié(~하지 마라) tài(너무) lèi(힘들다) xiūxī(휴식하다)
zài(그런 다음 · 다시) gàn(일하다) ba(어기조사)

---

⑤ 답 我们/{用白行车}比比。
⑥ 답 (这个)方案/{还}{要}研究研究。
⑦ 답 咱们/到[外面]<去>活动活动。
⑧ 답 你/{别}{太}累了，休息休息{再}干吧。

⑨ 내가 또 좀 찾았지만 그래도 그를 찾지 못했다.

yòu(또) zhǎo(찾다) háishì(그래도·여전히)
méi(완료 부정) dào(결과보어)

⑩ 그 한자들은 난 다 기억하지 못해서, 또 좀 썼다.

xiē(~몇몇) hànzì(한자) dōu(모두) méi(완료 부정)
jì(기억하다) zhù(결과보어) yòu(또) xiě(쓰다)

⑪ 야무지게 생긴 젊은이.

pàngdūndūn(작고 통통하며 단단하게 생기다)
xiǎohuǒzi(젊은이)

⑫ 온통 시뻘건 불빛

hóngtōngtōng(시뻘겋다) piàn(~편, 조각) huǒguāng(불빛)

---

⑨ 답 我/{又}找了找, {还是}{没}找<到>[他]。
⑩ 답 (那些)汉字//我/{都}{没}记<住>, {又}写了写。
⑪ 답 (胖墩墩的)小伙子
⑫ 답 (红通通的)(一片)火光

⑬ 그는 아주 근사한 표준어를 구사할 수 있다.

huì(할 수 있다) shuō(말하다) kǒu(양사) piàoliang(아름답다) pǔtōnghuà(표준어)

⑭ 저녁에 교실 안은 아주 조용하다.

wǎnshang(저녁) jiàoshì(교실) ānjìng(조용하다)

---

⑬ 답 他/{会}说(一口)(漂漂亮亮的)[普通话]。

⑭ 답 {晚上}教室里/安安静静的。

8.3 동목이합사

「동목이합사(动目离合词)」란 「见面」처럼 동사성 어소[8] 「见」과 명사성 어소「面」이 결합되어, 지배형(술어+목적어) 단어처럼 인식되는 동사복합어인데, 그 특징은 한 단어로 쓰일 수도 있으나, 분리되어 그 사이에 다른 성분이 올 수 있는 어구로도 쓰이는 단어를 말한다. 즉 이 동사성 어소(술어)는 일반 동사와 같이 동태조사나 보어 등과 결합할 수 있고, 명사성 어소는 목적어로 관형어 등과 같은 수식어를 가질 수 있다. 경우에 따라 단어로 쓰였다가 또 어구로 쓰이기 때문에 혼동할 수 있다.

① 你/ {这个月} {跟老师} 见[面]了吗?
yuè(달) gēn(~와) lǎoshī(선생님) jiàn/miàn(만나다)
너 이번 달에 선생님 만나 뵈었니?

② 我们/ {已经} 见了<三次>[面]。
우리는 이미 세번 만났다.

③ {刚才} 他=俩/ 见了[面]了。
gāngcái(방금) liǎ(둘) *=은 동격 표시.
방금 그 둘이 만났다. (지금도 같이 있다)

상용되는 「动目离合词」에는 「见面jiàn/miàn、毕业bì/yè、结婚jié/hūn、帮忙bāng/máng、放假fàng/jià、放心fàng/xīn、理发lǐ/fà、录音lù/yīn、请

---

8) 어소란 의미와 형태상 더 이상 분리할 수 없는 가장 작은 단위를 말한다. 예외는 있지만 쉽게 한 자의 한자를 한 개의 어소로 볼 수 있다.

假qǐng/jià、睡觉shuì/jiào、跳舞tiào/wǔ、听说tīng/shuō」등이다. 이 단어들은 대개 명사성 어소가 반자립어소[9]인 경우가 많으며, 사전에 한어병음자모 표기 시 띄어쓰기를 하든가 「/」로 구분한다.

④ 帮 (别人的) [忙]。
biéren(남, 다른 사람)
다른 사람을 돕다

⑤ 他/ 毕了[业] {就} 去[那儿]。
그는 졸업을 하자마자 그곳에 갔다.

⑥ 放了<三天> [假]。
삼일 동안 수업(근무)을 안한(했)다.

⑦ 我/ {还是} 放<不下> [心]。
háishì(그래도)
나는 그래도 마음을 놓을 수 없다.

⑧ 我/ {不} 结 (这个) [婚] 了。
나는 이 결혼을 하지 않기로 했다.

⑨ 理了<一次> [发]。
한번 이발했다.

---

9) 한 개의 어소가 단어인 경우(山、人、来)도 있지만, 단어가 되지 못하는 어소도 있다(语、面/子、们). 어소 중 자신의 어휘의미는 가지고 있지만 독립적으로 사용되지 못하는 어소를 반자립어소라고 한다. 见面의 面、毕业의 毕과 业、结婚의 婚 등이 단어로 쓰이지 못하는 반자립어소이다.

⑩ 录过<几次> [音]了。

몇 차례 녹음을 한 적이 있다.

⑪ 请 <两天> [假]。

=请 (两天的) [假]。

이틀 동안 휴가를 내다

⑫ 睡了 {一}(大)[觉]。

늘어지게 한 잠 잤다.

⑬ 跳 (迪斯克) [舞]

dísīkè(디스코)

디스코 춤을 추다

⑭ (这件)事// 我/ {已}听 (有关人) [说] 了。

shì(일) yǐ(이미) yǒuguān(관계가 있다)

이 일에 대해서 나는 이미 관련자의 말을 들었다.

연습문제

다음 문장을 중국어로 작문하시오.

① 나는 대학을 졸업한 이후 바로 중국에 왔다.

dàxué(대학교) bì/yè(졸업하다) yǐhòu(이후) jiù(바로) dào(~로 가다) Zhōngguó(중국) lái(오다)

② 너희는 몇 번 만났니?

③ 당신이 좀 도와주세요.

④ 당신은 어느 대학을 졸업했나요?

⑤ 당신은 올해 졸업할 수 없어요.

---

① 답 我/{大学毕业以后}, {就}到[中国]<来>了。
② 답 你们/见了<几次>[面]?
③ 답 请[你]/帮(个)[忙]。
④ 답 你/是{哪个大学}毕[业]的?
⑤ 답 你/{今年}毕<不了>[业]。

⑥ 당신네 회사(gōngsī)는 휴가가 며칠인가요?

⑦ 내가 어찌 마음을 놓을 수 있겠나.

⑧ 난 이번 달에 이발을 한 번 했다.(lǐ/fà)

⑨ 우리는 녹음을 세 차례 했었다.

⑩ 당신은 며칠 동안 휴가를 낼 계획입니까?

⑪ 그들은 무슨 춤을 추고 있니? (tiào/wǔ)

---

⑥ 답 (你们)公司/放<几天>[假]?
⑦ 답 我/{怎么}放<得下>[心]。
⑧ 답 我/{这个月}理过<一次>[发]了。
⑨ 답 我们/录过<三次>[音]。
⑩ 답 你/打算【请<几天>[假]】?
⑪ 답 他们/{在}跳(什么)[舞]?

8.4 부정

1) 부정부사

자주 쓰이는 부정(否定)부사에는 「不、没、没有、别bié、非fēi」 등이 있다.

「不」는 일반 진술문에서 의지나 판단 혹은 존재 속성 등을 부정하거나, 가정문에서 부정적인 가정을 나타낼 때 사용한다.

① 我/ {不} 吃 [饭]。
나는 밥을 먹지 않는다.

② 我/ {不} 是 (中国)[人]。
나는 중국 사람이 아니다.

③ 妈妈/ {不} 在 [家]。
어머니는 집에 안 계시다.

④ (那件) 衣服/ {不} 好看。
그 옷은 예쁘지 않다.

⑤ {不}做<完>[作业], {不}准 [看电视]。
zuòyè(숙제) zhǔn(동 허락하다)
숙제를 다 안 하면 텔레비전을 봐서는 안 된다.

⑥ {不}办<完>(当天的)[事] {不}下[班]。
bàn(처리하다) dāngtiān(당일) xià/bān(퇴근하다)
그날의 일을 다 처리하지 않으면 퇴근하지 아니한다.

특히 조동사나 심리/인지동사는 「不」로 부정한다.

⑦ 我/ {不}{会} 说 [汉语]。

나는 중국어를 말할 줄 모른다.

⑧ 我/ {不}{能} 相信 [他]。

xiāngxìn(믿다)

나는 그를 믿을 수 없다.

⑨ {为 什么} (有的)人/ {不}{愿意} 帮助 [别人]。

wèishénme(왜) yǒude(㉠ 어떤) yuànyì(~하려고 하다)

bāngzhù(돕다) biéren(㉠ 남)

왜 어떤 사람들은 남을 도우려 하지 않나.

⑩ 我/ {不} 喜欢 [看电视]。

xǐhuan(~하는 것을 좋아하다) diànshì(텔레비전)

나는 텔레비전 보는 것을 좋아하지 않는다.

⑪ 我/ {也}{不} 知道 【自己/{为什么}{会}{那样}做】。

zhīdào(~라는 것을 알다)

나도 내 자신이 왜 그렇게 할 수 있었는지를 모르겠다.

「没(有)」는 일반적으로 완료를 부정한다. 즉 그러한 동작/행위나 사건이 일어나지 않았음을 나타낸다.

⑫ 我/ {没} 吃 [饭]。

나는 밥을 먹지 않았다.

⑬ {昨天} 我/ {没} 去 [学校]。

어제 난 학교에 가지 않았다.

⑭ 他/ {还} {没} 来。

그는 아직 오지 않았다.

⑮ 哥哥/ {没} {给 我} 讲 [故事]。

jiǎng(이야기하다) gùshì(이야기)

형이 나에게 이야기를 해 주지 않았다.

⑯ (我的)钱/ {没}带<来>, 这/{可}{怎么} 办!

qián(돈) dài(휴대하다) kě(부 정말) bàn(처리하다)

내 돈을 가져오지 않았으니, 이 정말 어떻게 하니!

⑰ (昨天 学 的) 生词// 我/ {没有} 记<住>。

shēngcí(새 단어) jì(외우다)

어제 배운 새 단어는 나는 다 외우지 못했다.

「没有」는 동사 용법도 있으므로 구별해서 파악하여야 한다. 「没有」가 동사로 사용될 경우 대개 명사성 단어(어구)를 목적어로 취하기 때문에 쉽게 구별할 수 있다.

⑱ 我/ 没有 [门票]。(동사)

ménpiào(입장권)

나는 입장권이 없다.

⑲ 教室里/ 没有 [学生]。(동사)

jiàoshì(교실)

교실 안에는 학생이 없다.

⑳ 他/ 来了 {还} 没有 [三天]呢。(동사)
그가 온 지 아직 삼일이 되지 않았다.

반면 「没有」가 부정부사로 사용될 경우 대개 뒤에 동사가 술어로 온다. 「没有」로 부정을 할 때 동태조사「了」는 같이 쓸 수 없다.

㉑ A: 他/ 来了{没有}? (부사)
그가 왔느냐?

B: 没有。(부사)
아니요.
他/ {还}{没有} 来。(부사)
그는 아직 오지 않았다.

㉒ A: 他/ 去{没}去 [南京]?
그는 남경에 갔니?

B: 去了。
갔어.
{没} 去。
안 갔어.

㉓ A: 他/ 参加{没}参加 [晚会]?
wǎnhuì(저녁모임)
그는 저녁모임에 참가했니?

B: {没} 参加。
참가하지 않았어.

㉔ A: 晚会/ 开始了{没有}?

저녁모임은 시작되었니?

B: {还}{没} 开始 呢。

아직 시작되지 않았어.

부사 「没有」가 서면어, 구어에 모두 상용되고, 예문㉑㉔처럼 단독으로 사용할 수 있고 문장 끝에 사용할 수 있지만, 「没」는 주로 구어로만 상용되고 일반적으로 문장 끝에 사용되지 못하며 단독으로도 사용되지 않는다.

「別bié」가 부사로 사용될 경우 「금지、제지」등의 의미로 사용된다. 주로 동사(구) 앞에서 사용되나, 심리적인 상황을 표현하는 형용사 앞에서도 사용된다.

㉕ {别} 笑。

xiào(웃다)

웃지 마.

㉖ {别} 怕。

pà(겁내다)

겁내지 마.

㉗ 你/ {别} 生[气]。

shēng/qì(화를 내다: 동목이합사)

너 화내지 마.

㉘ {别} 吃<饱>了 {就} 睡。

(음식을) 먹고 바로 자지 마라.

㉙ {别} 说<出> (那句)[话]。

그 말을 꺼내지 마라.

㉚ 你/ {别} 走得<这么快>。

너 그렇게 빨리 걷지 마라.

㉛ {别} {把那个词} 说<出来>。

그 단어를 말하지 마라.

㉜ 走 [路] {要} 小心, {别} {被狗} 咬 了。

xiǎoxīn(조심하다) gǒu(개) yǎo(물다)

길을 걸을 때 조심해야 한다. 개한테 물리지 않도록 해라.

㉝ 你们/ {别} 来 [这儿] 胡闹。

húnào(법석을 떨다)

너희들 여기와서 법석 떨지 마라.

㉞ 妈妈//, {别}让 [我]/ {一个人} 在 [家]。

엄마 저 혼자 집에 있게 하지 마세요.

㉟ {别} 难过。

nánguò(㊒ 괴로워하다)

괴로워하지 마라.

「非fēi」는 부정부사로서 「非~***不可***」「非~不行」등의 격식으로 상용되어 반드시 그렇게 해야 함을 강조한다.

㊱ {非} 说 ***不可***。

bùkě([조] 안 된다: 非~不可격식에서 사용됨)

말하지 않을 수 없다.

㊲ 我/ {非} 去 ***不可***。

내가 가지 않고는 안 된다.

㊳ 咱们/ {非}{得}{把这件事} 搞<清楚>***不可***。

zánmen(우리) děi(~해야만 하다)

gǎo(하다: 다른 동사의 대동사 역할을 함) qīngchǔ(분명하다)

우리는 이 일을 분명히 (파악)해야만 한다.

「非」는 어소로서 「非会员(비회원)」「非卖品(비매품)」「非条件反射(비조건반사)」등과 같이 복합어의 한 구성요소로 사용된다.

2) 문형별 부정 형식

(1) 결과보어

결과보어는 동작 행위가 소기의 목적을 달성했거나 완료되었음을 나타내기 때문에 대개 「没」로 부정한다. 즉 동작 행위가 소기의 결과를 얻지 못했음을 나타낸다.

① 我/{还}{没}准备<完>呢。

나는 아직 다 준비를 하지 못했다.

② {真}对<不起>, 我/ {没}听<清楚>。

정말 미안하다, 난 분명하게 알아듣지 못했다.

③ 我/ 去过 (他)[家] <几次>, {都}{没}见<到> [他]。

나는 그의 집에 몇 번 갔었는데, 다 그를 만나지 못했다.

④ {很久} {没有}听<到>(你的)[消息]了。

오랫동안 네 소식을 듣지 못했다.

「没」로 부정할 때 동태조사 「了」와 함께 쓸 수 없다.

⑤ A: (他的) 话// 你/ 听<懂>了吗?

그의 말은 너는 알아들었니?

B: 听<懂>了。
알아들었다.

{没}听<懂>。

못 알아들었다.

결과보어가 있는 문장이라도 가정을 나타낼 때는 「不」로 부정한다.

⑥ {不}写<完>[作业], {就}{别}想 [睡 觉]。

숙제를 다 하지 않으면 잘 생각하지 마라.

⑦ {不}看<完>(这三本)[书], {不}算 [好 学生]。

이 책 세 권을 다 보지 않으면 좋은 학생이 아닌 셈이다.

⑧ {不}找<到>[书包], {不}{能} 回 [家]。

책가방을 찾지 못하면 집에 돌아갈 수 없다.

(2) 추향보어

추향보어도 결과보어와 같이 주로 「没」로 부정하며, 가정을 나타낼 때는 「不」로 부정한다.

① 他们/ {还} 在 [那儿], {没}走<出来>。
그들은 아직 그곳에 있으며 걸어 나오지 않았다.

② 他// 身体/ {不}{太}好, {今天}{没} 爬<上去>。
그는 몸이 그다지 좋지 않아서, 오늘은 (산에) 올라가지 않았다.

③ 他/ {想}说 [什么] {却} {没}说<出来>。
그는 무엇인가 말을 하려고 했으나 말을 꺼내지 않았다.

④ 天气/ {还}{没有}{真}热<起来>。
날씨가 아직 진짜 더워지기 시작하지 않았다.

⑤ 写了<半天>, {也}{没}写<出>(几个)[字]。
한참을 썼으나 몇 자 못 써냈다.

⑥ {不}写<出>[论文]<来>{不}{能}毕[业]。
논문을 써 내지 않으면 졸업할 수 없다.

⑦ 你/ {不}说<出>[理由], 我/ {不}{会} 让 [妳]/ 走 的。
네가 이유를 말하지 않는다면 나는 네가 가도록 두지 않을 것이다.

(3) 가능보어

가능보어는 긍정형과 부정형이 있다. 부정형은 「[동]+不+결과/

추향보어」이다. ☞ 141쪽 가능보어 부정형 참조

① (那个)小孩/ 搬<不动>(那么)(多)[书]。
그 아이는 그렇게 많은 책을 옮길 수 없다.

② (耳机的)声音/ {太}小, 我/ 听<不清楚>。
이어폰의 소리가 너무 작아서 저는 또렷하게 들을 수 없다.

③ 箱子/ {太} 重 了, 我/ {一个人} 搬<不上去>。
zhòng(무겁다)
상자가 너무 무거워서 나는 혼자 위로 옮길 수 없다.

④ {这么}多, 我/ {可}吃<不了>。
이렇게 많아서 나는 정말 다 먹을 수 없다.

⑤ 我/ 吃<不了>[一碗], 来[半碗]吧。
나는 한 그릇을 다 먹을 수 없으니 반 그릇만 다오.

(4) 양태보어

정도보어는 정도가 높음을 강조하기 위해 사용하는 보어이기 때문에 정도보어를 부정하는 것은 모순이다. 따라서 정도보어는 일반적으로 부정문으로 표현하지 않는다. 양태보어의 부정은 일반적으로 보어를 부정한다.

① A: 他/ 跑得<快不快>?
그는 뛰는 것이 빠른가?

B: 他/ 跑得<不快>。

그는 뛰는 것이 빠르지 않다.

② A: 他/ 写[字] 写得<怎么样>?

그는 글자를 쓰는 것이 어떤가?

B: 他/ 写得<不太好>。

그는 그다지 잘 쓰지 못한다.

양태보어가 부정문인 경우는 다음과 같다.

③ 我/ {就是}喜欢[上海], 喜欢得<不想离开>。

jiùshì(오로지, 단지)

나는 오직 상하이를 좋아하는데, 어찌나 좋아하는지 떠날 수가 없다.

④ 他/ {现在} 喝[酒] 喝得<不那么多了>。

그는 요즘 술을 그렇게 많이 마시지 않는다.

⑤ 高兴得 <不能用言语形容>。

yányǔ(말) xíngróng(형용하다)

너무 기뻐서 말로 이루 다 형용할 수 없다.

⑥ {现在} 饿得 <不能走路了>。

è(배고프다) zǒu/lù(길을 걷다)

지금 너무 배고파서 걸음을 걸을 수도 없다.

⑦ 你/ {真的} 困得 <不能接我的电话>吗?

kùn(졸리다) jiē/diànhuà(전화를 받다)

너 정말 졸려서 내 전화를 받을 수 없었던 거니?

양태보어문에서 술어를 「没」로 부정하면 「술어+양태보어」를 부정하게 된다.

⑧ {还}{没} 饿得<走不动>。

아직 배가 고파서 못 걸을 정도는 아냐.

⑨ {好久}{都}{没} 笑得 <这么痛快>了。

오랫동안 이렇게 통쾌하게 웃지 못했다.

⑩ 他/ {已经}{好几年}{没}笑得 <像今天那么开心>了。

그는 이미 여러 해 동안 오늘처럼 이렇게 기분 좋게 웃지 못했다.

(5) 동량보어

동량보어가 있는 문장에서 부정은 일반적이지 않으나, 부정을 한다면 「没」로 하고 동량사를 부정한다. 가정문에서는 「不」로 부정할 수 있다.

① 她/ {竟然} {没} 来 看过 [我]<一回>。

jìngrán(의외로)

그녀는 의외로 나를 한 번도 보러 오지 않았다.

② 上海// 我/ {只} 去过<一次>, {没} 去过<两次>。

상해는 나는 한 번 가본 적이 있을 뿐이고, 두 번 가본 적은 없다.

③ 你/ {不}尝<一口>, {怎么}知道【味道/ 好不好】?

cháng(맛보다) kǒu(차용동량사) zhīdao(알다) wèidào(맛)

너는 한 번 맛보지 않고 어떻게 맛이 좋은지 알겠니?

④ 苏州/ {没}去过<几次>。

Sūzhōu(쑤조우)

쑤조우는 몇 번 가보지 못했다.

⑤ 她/ {从来}{没}看过<一次>[电影], {从来}{没}参观过<一次>[名胜古迹]。

cónglái(여태) diànyǐng(영화) cānguān(참관하다) míngshè
nggǔjì(명승고적)

그녀는 여태 한번도 영화를 보지 않았고, 명승고적지에 한 번도 가 본 적이 없다.

(6) 시량보어

시량보어의 부정은 대체적으로 동량보어의 부정과 같다.

① 我/ {只}休息了<一天>, {没}休息<两天>。

zhǐ(단지) xiūxi(휴식하다)

나는 하루 동안 쉬었을 뿐이고 이틀 쉰 것은 아니다.

② 我/ {不}休息<一会儿> 不行。

bùxíng(동 허락하지 않다)

난 잠시 쉬지 않으면 안 된다.

③ {中午}{也}{没} 休息<一会儿>?

정오에도 조금 못 쉬었니?

④ {国庆七天长假}, 他/ {也}{没} 休息<一天>。

국경일 7일의 긴 휴가에 그는 하루도 못 쉬었다.

⑤ 他/ {没}说<一会儿>, (他的)脖子/ {就}{有些}疼了。

bózi(목) téng(아프다)

그는 잠깐밖에 말을 하지 않았는데 그의 목이 좀 아팠다.

⑥ (有的)人/ {甚至}{三年}{都}{没} 休息过<一天>。

yǒude(대 어떤) shènzhì(부 심지어)

어떤 이는 심지어 삼년 동안 하루도 쉬지 못했다.

(7) 把字文

把字文에서 부정부사는 「把-전치사구」앞에 와야 한다.

① {为什么}{不}{把那个学生的名字} 说<出来>?

왜 그 학생의 이름을 털어놓지 않느냐?

② 她/ {故意}{不}{把雨伞}带<出来>。

gùyì(고의로) yǔsǎn(우산) dài(휴대하다)

그녀는 일부러 우산을 가져나오지 않았다.

③ 他/ {不}{把我} 当[朋友], {甚至}{不}{把我}当<做>(一个)(老实)[人]。

dāng(~로 삼다) shènzhì(심지어) lǎoshi(진실하다)

그는 나를 친구로 여기지 않는다. 심지어 나를 진실한 사람으로 보지도 않는다.

④ 他/ {没}{把票}交<给>[你]吗?
그가 표를 네게 건네주지 않았니?

⑤ 他/ {真}后悔【{没}{把英文}学<好>】。
hòuhuǐ(후회하다. ~했음을 후회하다)
그는 영어를 잘 배워두지 못했음을 정말 후회했다.

⑥ {当时} 我/ {根本}{没}{把那个女孩} 放<在>[心上]。
dāngshí(당시) gēnběn(부 여태 한번도)
당시에 나는 그 여자애를 한번도 마음에 둔 적이 없었다.

⑦ 我/ {没}{把那个孩子} 打<伤>。
dǎ shāng(때려서 상처를 입히다)
나는 그 아이에게 상처를 입히지 않았다.

(8) 被字文

被字文도 把字文과 같이 부정부사는 「被-전치사구」앞에 와야 한다.

① {不}{被警察} 抓<到>, 你/ {就}自由了。
jǐngchá(경찰) zhuā(잡다) zìyóu(형 자유롭다)
경찰에게 잡히지 않으면 넌 자유다.

② 你/ {不}{要}{被他}看<见>。

넌 그에게 들키지 마라.

③ {一次}{也}{没}{被警察}发现过。

한번도 경찰에게 발각된 적이 없다.

④ 他/ {从来}{没}{被父母}打骂过。

cónglái([부] 여태) fùmǔ(부모) dǎ(때리다) mà(욕하다)

그는 여태 한번도 부모에게 맞거나 욕을 먹은 적이 없다.

⑤ {整整一个夏天}, 我/ {没}{被蚊子}叮过<一下>。

zhěng(온) xiàtiān(여름) wénzi(모기) dīng(물다)

온 여름 내내, 나는 모기에게 한 번도 물린 적이 없다.

⑥ 我/ {没}欺骗过 [朋友], {也}{没}{被朋友}欺骗过。

qīpiàn(속이다)

나는 친구를 속인 적이 없고, 친구에게 속임을 당한 적도 없다.

(9) 연동문

연동문에서 부정부사는 일반적으로 제1동사구 앞에 온다.

① {明天} 我们/ {不}坐[车]去, 我们/ 走着去。

내일 우리는 차를 타고 가지 않고 우리는 걸어간다.

② 你们/ {没}去看[猴子]吗?

hóuzi(원숭이)

너희는 원숭이를 보러 가지 않았니?

③ {前天} 他/ 病了，{没}来上[课]。

bìng(동 병이 나다)

그저께 그는 병이 나서, 수업 들으러 오지 않았다.

④ {好久}{没}去[那儿] 喝(杯)[咖啡]了。

hǎojiǔ(아주 오래) kāfēi(커피)

아주 오래 동안 그곳에 가서 커피를 마시지 않았다.

=그곳에 가서 커피 마신지 오래 되었다.

* 문말에 있는 了는 어기조사라서 没와 같이 쓸 수 있음.

연동문의 부정은 다음과 같이 제1동사구를 부정할 수도 있고, 제2 동사구를 부정할 수도 있기 때문에 전후 맥락을 잘 살펴야 한다.

⑤ 我/ {没}去(他)[家] 喝[酒]，我/ 去[饭店] 喝[酒]。

나는 그의 집에 가서 술을 마시지 않았다. 나는 호텔에 가서 술을 마셨다.

⑥ 我/ {没}去(他)[家] 喝[酒]，我/ 去(他)[家] 吃了(一顿)[饭]。

나는 그의 집에 가서 술을 마시지 않았다. 그에 집에 가서 밥을 한 끼 먹었다.

술어가 「有」인 연동문의 부정형식은 동사 「没有」를 사용한다.

⑦ 他/ 没有[时间] 帮助[我]/{把书架} 搬<出去>。

그는 나를 도와서 책꽂이를 밖으로 들어낼 시간이 없다.

⑧ 我们/ {那个时候} 没有[饭]吃, {也}没有[衣服]穿。

우리는 그 때 먹을 밥이 없었고, 입을 옷도 없었다.

⑨ 我/ {现在}没有[问题] {要}问[老师]。

난 지금은 선생님께 여쭈어 볼 문제가 없다.

(10) 겸어문

겸어문에서 겸어 앞의 동사를 부정할 경우 「겸어+술어부」 전체를 부정하게 되고, 겸어 뒤의 술어부를 부정할 경우 부정의 범위는 「술어부」에 국한된다. 겸어 앞 동사에 不가 오면 의지 부정이고, 没가 오면 실현(완료)에 대한 부정이다.

① {为什么}{不}让[我]/说[话]?

왜 내가 말을 못하게 하지?

② 你/ {怎么}{不}让[他]/ 接[电话]?

넌 왜 그가 전화를 받지 못하도록 하니?

③ 让{不}让[他]/ 讲<下去>?

그가 계속 말을 하도록 하겠니?

④我//{不}让[他]/知道,我/希望【他/{可以}{主动}猜<到>】。

xīwàng(~하기를 바라다: 주술구를 목적어로 취함)

zhǔdòng(능동적으로) cāi(알아맞히다)
나는 그가 알게 하지 않고, 난 그가 스스로 알아맞힐 수 있기를 바란다.

⑤ {什么}{都}{没}让[他]/做。
무엇이든 그를 시키지(그가 하도록 하지) 않았다.

⑥ {这几天}(他)妈妈//{没}让[他]/去[学校]。
요 며칠 그의 엄마는 그가 학교에 가도록 하지 않았다.

⑦ 公司//让[他]/{不}{要}{再}上[班]。
회사에서 그가 더 이상 출근하지 못하도록 했다.

⑧ 我//{永远}{都}让[他]/{不}知道【我/{在}想[什么]】。
나는 내가 무엇을 생각하고 있는지 그가 영원히 모르도록 하겠다.

⑨ (这种)(激动的) 感觉//让[他]/ {不} 知道【说[什么]{才}好】。
jīdòng(동 흥분하다) gǎnjué(감정)
이러한 흥분된 감정이 그가 무슨 말을 해야 좋을지 모르게 만들었다.

⑩ 他// 年纪/ {已经}{很} 高, 我/ 劝[他]/{不}{要}去。
niánjì(나이) quàn(~하도록 권하다)
그는 나이가 이미 많아서, 나는 그가 가지 말도록 권했다.

8.5 비교

흔히 사용되는 비교의 형식은 「比」「没有」로 이루어진다. 또 대상과 비교하여 같음을 나타낼 경우 「跟~一样」혹은「像~(一样)」으로 나타낸다.

1) ~보다 …하다

A/ {比B}…: A는 B보다 …하다.

① 他/ {比我} 大。
그는 나보다 나이가 많다.

② 他/ {比我}{更} 大。
그는 나보다 나이가 더 많다.

③ 他/ {比你} 大<多少>? ☞ 150쪽 비교수량보어.
그는 너보다 나이가 얼마나 많니?

④ 他/ {比我} 大<多>了。
그는 나보다 나이가 훨씬 많다.

⑤ 他/ {比我} 大<十二岁>。
suì(~살: 나이)
그는 나보다 나이가 열두 살 많다.

⑥ 过了[长江], 天气/ {比北方} 暖和<多>了。

Chángjiāng(양자강) nuǎnhuó(따뜻하다)

양자강을 지나면 날씨가 북방보다 훨씬 따뜻하다.

⑦ 我/ {比你}{多} 喝了<三杯>[牛奶]。

niúnǎi(우유)

나는 너보다 우유를 석 잔 더 마셨다.

⑧ (他们)班/ {比我们班}{多} 学了[四课]。

그들 반이 우리 반보다 네 과 더 많이 배웠다.

⑨ 他/ {比我}快得<多>, ***但是*** 没有【我/ 写得<那么好>】。

그는 나보다 훨씬 빠르지만, 나만큼 잘 쓰지는 못한다.

⑩ {今年}(你们 学校的)学生/ {比去年} 增加了[多少]?

zēngjiā(증가하다)

올해 너희 학교의 학생은 작년보다 얼마나 증가했니?

⑪ {比去年} 增加了[一倍]。

bèi(배)

작년보다 한 배 증가했다.

⑫ (这个)(工厂的)(汽车)产量/ {比去年的} 增长了[多少]?

gōngchǎng(공장) qìchē(자동차) chǎnliàng(생산량)

zēngzhǎng(증가하다)

이 공장의 자동차 생산량은 작년보다 얼마나 증가했나?

2) ~보다(만큼) …하지 않다

이런 표현은 주로 「没有」비교문으로 표현한다.

A/ 没有 【B/{那么or这么}…】

① 今天/ 没有【昨天/ {那么}冷】。

오늘은 어제만큼 그렇게 춥지 않다.

② 你/ 写[汉字] 有{没}有【他/ {那么}快】?

넌 한자 쓰는 것이 그이만큼 빠르니?

③ 没有 【他/ {那么}快】。

그이만큼 빠르지는 않아.

④ 我/ 说[汉语], 说得 <没有你这么流利>。

liúlì(유창하다)

나는 중국어 하는 것이 너만큼 그렇게 유창하지 않다.

⑤ 他/ 没有【我/{这么}爱[看电影]】。

ài(잘 ~하다) diànyǐng(영화)

그는 나만큼 영화를 잘 보지 않는다.

드물게 「不如」비교문을 사용하기도 한다. 「A不如B」는 「A는 B만 못하다」를 의미한다.

⑥ 你走/ 不如 [我走]。

bùrú(동 ~만 못하다)
네가 가는 것이 내가 가는 것만 못하다.

⑦ (这几篇)作文/ {都}不如 [那篇]。
이 작문 몇 편은 모두 저것보다 못하다.

「没有」비교문의 긍정형은 「有」를 사용하나, 이 긍정형은 주로 의문문에 사용된다.

⑧ 他/ 有【你/{那么}高】吗？
그는 너만큼 키가 크니?

⑨ 你/ 写[汉字] 有【他/写得<那么好>】吗？
너는 한자를 쓰는 것이 그이만큼 그렇게 잘 쓰니?

⑩ (你)爸爸/ 有【(你)妈妈/{那么}喜欢[音乐]】吗？
네 아빠는 네 엄마만큼 그렇게 음악을 좋아하시니?

「有」비교문의 의문형식은 「比」비교문으로 대답할 수 있다.

⑪ A: 他/ 跑得 <有没有你快>?
그는 너만큼 빨리 달리니?

B: 他/ {比我}{还}快。
그가 나보다 더 빨라.

⑫ A: (北京的)面积/ 有{没}有 〖上海/大〗?
베이징의 면적은 상하이만큼 크니?

B: {比上海} 大<多>了。
상하이보다 훨씬 크다.

「比」비교문의 부정은 「A+不+比B…」형태로 사용되어지나, 의미는 「A는 B보다 …한 것은 아니다=A는 B와 비슷하게 …하다」이다.

⑬ 他/ {不}{比我}高。(=他/{跟我}{差不多}高。)
그는 나보다 키가 큰 것은 아니다. (=그는 나와 비슷하게 키가 크다.)

3) ~와 같다/ ~와 같이 …하다

(1) A/ {跟B} 一样 : A는 B와 같다

① 他/ {跟我} 一样。
그는 나와 같다.

② 他/ {跟我}{不} 一样。[10]
그는 나와 같지 않다.

---

10) * 他不跟我一样。이 문장은 일반적으로 비문으로 간주함.

(2) A/ {跟B}{一样}…: **A는 B와 같이 …하다**

③ 他/ {跟我}{一样} 高。
그는 나처럼 키가 크다.

④ 他/ {跟我}{不}{一样}高。
그는 나와 키가 똑같이 큰 것은 아니다.

④ 他/ {跟我}{一样}{不}高。(=他/ {跟我}{一样}矮。)
ǎi(키가 작다)
그는 나처럼 키기 크지 않다. (그는 나처럼 키가 작다.)

⑤ (中国)南方/ {和北京的气候} {很}{不} 一样。
qìhòu(기후)
중국남방은 북경의 날씨와 아주 같지 않다.

⑥ 他/ {跟我}{一样} 爱 [看电影]。
ài(잘 ~하다) diànyǐng(영화)
그는 나처럼 영화를 잘 본다.

⑦ 他/ {跟我}{一样} {不} 喜欢 [看电影]。
그는 나처럼 영화 보는 것을 좋아하지 않는다.

(3) A/ 像[B] 一样 … : **A는 B와 같이 …하다**

「像xiàng」은 「①모습이 닮다. ②예를 들어 ~와 같다」의 의미로 주로 사용되는 동사인데, 이 책에서는 편의상 비교문에서 「~처럼」의 의미로 비교기준을 나타내는 전지사도 분석한다.

⑩ 他/ {像我}{一样} 高。

그는 나처럼 키가 크다.

⑪ 他/ {不}{像我}{这么} 高。

그는 나처럼 키가 큰 것은 아니다.

⑫ 他/ {像我}{一样}{不}高。

그는 나처럼 키가 크지 않다.

⑬ 他/ {不}{像我}{这么}{会}唱 [歌]。

chàng/gē(노래를 부르다)

그는 나처럼 이렇게 노래를 잘 부르는 것은 아니다.

9. 종합연습

문장 구조 분석의 궁극적인 목적은 정확하고 빠른 해석과 작문이다. 이 장에서는 몇 편의 글을 대상으로 구조분석을 하고 해석과 작문 연습을 한다.

9.1 문장 구조분석과 해석

다음 글의 문장 구조를 분석하고 해석을 하시오.

1. 蚊子和狮子
Wénzi hé shīzi

蚊子 飞 到 狮子 面前, 对他 说: “我 不 怕 你, 你 并 不 比 我 强。要 不 是 这样, 你 到底 有 什么 力量 呢? 是 用 爪子 抓 用 牙齿 咬 吗? 女人 同 男人 打架, 也 会 这么 说。我 比 你 强 得 多。你 要是 愿意, 我们 来 较量 较量 吧!”

Wénzi fēidao shīzi miànqian, duì tā shuō : “Wǒ bú pà nǐ, Nǐ bìng bù bǐ wǒ qiáng. Yào bú shì zhèyang, nǐ dàodǐ yǒu shénme lìliàng ne? Shì yòng zhuǎzi zhuā yòng yáchǐ yǎo ma? Nǚrén tóng nánrén dǎjià, yě huì zhème shuō. Wǒ bǐ nǐ qiáng de duō. Nǐ yàoshi yuànyi, Wǒmen lái jiàoliangjiàoliang ba!”

> 蚊子/飞<到>(狮子)[面前], {对他}说: “我/{不}怕[你], 你/{并}{不}{比我}强。***要***{不}是[这样], 你/{到底}有(什么)[力量]呢? 是【{用爪子}抓{用牙齿}咬】吗? 女人/{同男人}打架, {也}{会}{这么}说。我/{比你}强<得多>。你/***要是***愿意, 我们/来较量较量吧!”
>
> 모기가 사자 면전에 날아와서 그에게 말하길 “나는 네가 두렵지 않아, 너는 결코 나보다 강한 것은 아니야. 만약 그렇지 않다면, 너는 도대체 무슨 능력이 있니? 발톱으로 움켜잡거나 이빨로 물어 버리는 것이냐? 여자가 남자와 싸울 때도 그렇게 말할 거야. 내가 너보다 훨씬 강해. 네가 원한다면 우리 어디 한 번 겨뤄보자!”

爪子zhuǎzi 발톱　　较量jiàoliang 겨루다. 대결하다　　同tóng ~와

蚊子 吹 着 喇叭 冲 过去, 专 咬 狮子 鼻子 周围 没有 毛 的 地方。狮子 气 得 用 爪子 把 自己 的 脸 都 抓 破 了。蚊子 战胜 了 狮子, 又 吹 着 喇叭, 唱 着 歌 飞 走 了, 不料 被 蜘蛛网 粘 住 了。

Wénzi chuīzhe lǎba chōngguoqu, zhuān yǎo shīzi bízi zhōuwéi méiyǒu máo de dìfang. Shīzi qì de yòng zhuǎzi bǎ zìjǐde lǐan dōu zhuā pò le. Wénzi zhànshèng le shīzi, yòu chuīzhe lǎba, chàngzhe gē fēizoule, búliào bèi zhīzhūwǎng zhānzhù le.

蚊子/吹着[喇叭]冲<过去>，{专}咬(狮子)(鼻子)(周围)(没有毛的)[地方]。狮子/气得<用爪子把自己的脸都抓破了>。蚊子/战胜了[狮子]，{又}吹着[喇叭]，唱着[歌]飞<走>了，不料{被蜘蛛网}粘<住>了。

모기가 허풍을 떨며 달려들어 사자 코 주위의 털이 없는 곳을 집중적으로 물었다. 사자는 어찌나 화가 났는 지 발톱으로 (모기를 잡으려다가) 자기의 얼굴만 할퀴어 얼굴이 다 망가졌다. 모기가 사자를 이기고 또 허풍을 떨며 노래를 부르면서 날아가다가 뜻밖에 거미줄에 걸려버렸다.

喇叭lǎbā 나팔　冲chōng 돌진하다　破pò 찢어지다
不料búliào (접) 뜻밖에도　叹息tànxī 탄식하다.

蚊子 将要 被 吃 掉 时, 叹息 说: 我 同 最 强大 的 动物 都 较量 过, 却 被 这 小小 的 蜘蛛 消灭 了。

这 个 故事 说 的 是 那 些 打败 过 大 人物, 却 又 被 小 人物 打败 的 人。

Wénzi jiāngyào bèi chīdiao shí, tànxī shuō, wǒ tóng zuì qiángdà de dòngwù dōu jiàoliangguo, què bèi zhè xiǎoxiǎo de zhīzhū xiāomiè le.

Zhège gùshi shuō de shì nàxiē dǎbàiguo dà rénwù, què yòu bèi xiǎo rénwù dǎbài de rén.

蚊子/{将要被吃掉时}，叹息说：我/{同最强大的动物}{都}较量过，{却}{被这小小的蜘蛛}消灭了。

(这个)故事/说的//是【(那些)(打败过大人物，却又被小人物打败的)人】。

모기가 잡아먹히려 할 때 한 숨 쉬며 말했다: "자신은 가장 강한 동물과도 겨뤘는데 이 작디 작은 거미에게 당하게 될 줄이야."

이 이야기가 말하는 것(대상)은 큰 인물을 무너뜨렸으나 오히려 하찮은 인물에 의해 망한 사람들이다.

将要jiāngyào 곧, 장차

2. 小马过河

Xiǎomǎ guòhé

小马 和 老马 住 在 绿草 茵茵 的 河边, 一天, 老马 对 小马 说: "你 已经 长 大 了, 可以 帮 妈妈 做 事 了。今天 你 把 这 袋 粮食 送 到 小河 对岸 的 村子 里 去 吧!"

Xiǎomǎ hé lǎomǎ zhùzai lǜcǎo yīnyīn de hébian, yìtiān, lǎomǎ duì xiǎomǎ shuō : "Nǐ yǐjīng zhǎngdàle, kěyǐ bāng māma zuò shì le. Jīntiān nǐ bǎ zhè dài liángshi sòngdao xiǎohé duì'àn de cūnzi li qù ba!"

小马***和***老马/住<在>(绿草茵茵的)[河边], {一天}, 妈妈/{对小马}说: “你//{已经}长<大>了, {可以}帮[妈妈]/做[事]了。{今天}你/{把这袋粮食}送<到>(小河对岸的)[村子里]<去>吧!”

망아지와 엄마 말은 풀이 우거진 강가에 살고 있었다. 어느 날 엄마 말이 망아지에게 말하기를 “너는 이미 다 컸으니, 엄마를 도와 일을 할 수 있겠지. 오늘은 네가 이 식량 한 보따리를 작은 강 맞은편 언덕의 마을로 갖다 주렴!”

绿草茵茵lùcǎo yīnyīn 풀이 빽빽이 우거진 모습. 袋dài 자루, 부대 粮食(liángshí): 양식 对岸duì'àn 맞은 편 기슭, 언덕

小马 高兴地 答应 了, 飞快地 向 河边 跑 去。可是 河上 没有 桥, 只能 自己 渡 过去。小马 不 知道 河水 有 多 深, 它 急忙 去 问 在 河边 吃 草 的 老牛: “牛 伯伯, 这 河水 深 吗?” “河水 很 浅, 才 没 我 的 小腿, 你 能 过 去 的!” 老牛 说。

Xiǎomǎ gāoxìngde dāyìngle, fēikuàide xiàng hébian pǎoqu. kěshì héshang méiyǒu qiáo, zhǐnéng zìjǐ dù guoqu. Xiǎomǎ bù zhīdao héshuǐ yǒu duō shēn, tā jímáng qù wèn zài hébian chī cǎo de lǎoniú: “Niú bóbo, zhè héshuǐ shēn ma?” “Héshuǐ hěn qiǎn, cái mò wǒ de xiǎotuǐ, nǐ néng guòqu de!” Lǎoniú shuō.

小马/{高兴地}答应了，{飞快地}{向河边}跑<去>。***可是***河上/没有[桥]，***只能***{自己}渡<过去>。小马/{不}知道[河水有多深]，它/{急忙}去问(在河边吃草的)[老牛]："(牛)伯伯，(这)河水/深吗?" "河水/{很}浅，{才}没(我的)小腿，你/{能}过<去>的!" (老)牛说。

망아지는 기뻐하며 대답하고 나는 듯이 강가로 뛰어갔다 그러나 강에는 다리가 없어서 스스로 건널 수밖에 없었다. 망아지는 강물이 얼마나 깊은지 몰라서 급히 강가에서 풀을 먹고 있던 소에게 가서 물었다. "소아저씨 이 강물은 깊나요?" "강물은 얕단다, 겨우 내 종아리까지 오는걸, 너는 건너 갈 수 있단다!" 소가 말했다.

渡dù 물을 건너다.　飞快地fēikuàide 날 듯이　桥qiáo 다리
浅qiǎn 얕다.　没mò 빠지다

小马 刚 准备 过去，一 只 松鼠 大 叫 起来："小马! 小马! 别 过去! 会 淹 死 你 的!" "水 很 深 吗?" 小马 吃惊 地 问。"当然，昨天 我 的 一 个 小 伙伴 不 小心 掉 进 河 里 淹 死 了!" 松鼠 认真 地 说。

Xiǎomǎ gāng zhǔnbèi guòqu, yì zhī sōngshǔ dà jiào qilai : "Xiǎomǎ! Xiǎomǎ! Bié guòqu! Huì yānsǐ nǐ de!" "Shuǐ hěn shēn ma?" Xiǎomǎ chījìng de wèn. "Dāngrán, zuótiān wǒ de yí ge xiǎo huǒbàn bù xiǎoxīn diàojin héli yānsǐ le!" Sōngshǔ rènzhēn de shuō.

小马/{刚}准备[过去]，(一只)松鼠/{大}叫<起来>: “小马! 小马! {别}过<去>! {会}淹<死>[你]的!” “水/{很}深吗?” 小马/{吃惊地}问。“当然， {昨天}(我的)(一个)(小)伙伴/{不}小心掉<进>[河里]淹<死>了!” 松鼠/{认真地}说。

망아지가 막 건너가려고 하는데 다람쥐가 크게 소리쳤다. “망아지야! 망아지야! 건너지마! 빠져 죽을 거야.” “물이 깊니?” 망아지가 놀라서 물었다. “당연하지, 어제 내 작은 친구가 조심하지 않아 강에 빠져 죽었단다.” 다람쥐는 진지하게 말했다.

松鼠sōngshǔ 다람쥐 吃惊(chījīng): 놀라다 淹死yānsǐ 빠져 죽다.

小马 拿 不 定 主意, 只好 跑 回 家, 把 老牛 和 松鼠 的 话 对 妈妈 说 了 一 遍。妈妈 亲切 地 说: “孩子, 光 听 别人 说, 自己 不 动 脑筋 不 试 一 试, 是 不 行 的。”

小马 又 一 次 跑 到 河边, 小心 地 渡 了 过去。原来, 河水 既 不 像 老牛 说 的 那样 浅, 也 不 像 松鼠 说 的 那样 深。

Xiǎomǎ ná bu dìng zhǔyì, zhǐhǎo pǎohui jiā, bǎ lǎoniú hé sōngshǔ de huà duì māma shuōle yí biàn. Māma qīnqiè de shuō : “Háizi, guāng tīng biéren shuō, zìjǐ bú dòng nǎojīn bú shì yi shì, shì bù xíng de”

Xiǎomǎ yòu yí cì pǎodào hébian, xiǎoxīn de dùle guoqu. Yuánlái, héshuǐ jì bú xiàng lǎoniú shuō de nàyang qiǎn, yě bú xiàng sōngshǔ shuō de nàyàng shēn.

小马/拿<不定>[主意]， ***只好***跑<回>[家]， {把老牛和松鼠的话}{对妈妈}说了<一遍>。妈妈/{亲切地}说: “孩子，{光}听[别人]/说，{自己}{不}动[脑筋]{不}试{一}试，***是***{不}行***的***。”

小马/{又}{一次}跑<到>[河边]， {小心地}渡了<过去>。 {原来}， 河水/{既}{不}{像老牛说的}{那样}浅， {也}{不}{像松鼠说的}{那样}深。

망아지는 결정을 못 내리고 어쩔 수 없이 집으로 돌아와서 소 아저씨와 다람쥐의 말을 엄마에게 전했다. 엄마는 다정하게 “아가야 다른 사람의 말만 듣고 자기 스스로 생각도 하지 않고 시도도 해보지 않으면 안 된단다”

망아지는 다시 강가로 뛰어가 조심스럽게 건너갔다 원래 강물은 소 아저씨가 말한 것만큼 얕지도 다람쥐가 말한 것만큼 깊지도 않았다.

拿不定(nábudìng): 정하지 못하다. 光(guāng): 오직 脑筋(nǎojīn): 머리

3. 谬误与真理之门

Miùwù yǔ zhēnlǐ zhī mén

“砰!砰!砰!”一个匆匆而来的路人急切地敲打着一扇神秘的门。不久，门开了。“你找谁?”门里的人问。 “我找真理。” 路人回答。“你找错了，我是谬误。” 门里的人"砰"地一声把门关上了。

“Pēng! Pēng! Pēng!” Yí gè cōngcōng-ér-lái dė lùrén jíqiè de qiāodǎzhe yí shàn shénmì de mén。Bù jiǔ, mén kāile. “Nǐ zhǎo shéi?

Mén li de rén wèn. “Wǒ zhǎo zhēnlǐ.” Lùrén huídá. “Nǐ zhǎocuòle, wǒ shì miùwù.” Mén lǐ de rén ‘pēng’ de yì shēng bǎ mén guā nshangle.

“砰! 砰! 砰!” (一个)(匆匆而来的)路人/{急切地}敲打着(一扇)(神秘的)[门]。{不久}, 门/开了。“你/找[谁]?”(门里的)人/问。“我/找[真理]。” 路人/回答。“你/找<错>了, 我/是[谬误]。” (门里的)人/{“砰”地}{一声}{把门}关<上>了。

“쾅! 쾅! 쾅!” 황급히 다가온 행인이 절박하게 신비스런 문을 두드리고 있었다. 얼마 지나지 않아 문이 열렸다. “당신은 누구를 찾나요?” 문안의 사람이 물었다. “저는 진리를 찾고 있습니다.” 행인이 말했다. “잘못 찾았어요. 난 오류랍니다.” 문 안의 사람은 쾅 하며 문을 닫아버렸다.

路人 只好 継续 寻找。他 跨 过 很 多 条 河, 翻 过 很 多 座 山, 可 就是 找 不 到 真理。后来 他 想 真理 和 谬误 既然 是 一 对 冤家, 说 不 定 谬误 知道 真理 在 哪儿。 于是 他 重新 找到 谬误, 谬误 却 说: “我 也 正 要 找 它 呢。” 说完 又 关上了 门。

Lùrén zhǐhǎo jìxù xúnzhǎo. Tā kuàguo hěn duō tiáo hé, fānguò hěn duō zuò shān, kě jiùshì zhǎo bu dào zhēnlǐ. Hòulái tā xiǎng zhēnlǐ hé miùwù jìrán shì yí duì yuānjia, shuō bú dìng miùwù zhīdao zhēnlǐ zài nǎr. Yúshì tā chóngxīn zhǎodao miùwù, miùwù què shuō : “Wǒ yě zhèng yào zhǎo tā ne.” Shuōwán yòu guānshangle mén.

路人/***只好***{继续}寻找。他/跨过(很多)(条)河，翻过(很多)(座)山，***可***{就是}找<不到>[真理]。{后来}他/想【真理和谬误/{既然}是(一对)[冤家]，说<不定>谬误/知道[真理在哪儿]】。***于是***他/{重新}找<到>[谬误]，谬误/{却}说: “我/{也}{正}{要}找[它]呢。” 说<完>{又}关<上>了[门]。

행인은 계속 찾는 수밖에 없었다. 그는 수많은 강을 건너고 수많은 산을 넘었으나 진리만은 찾아내지 못했다. 후에 그는 진리와 오류가 원수지간이라면 오류는 진리가 어디에 있는지 알 수 있을지도 모른다고 생각했다. 그래서 그는 다시 오류를 찾았다. 그러나 오류가 말하기를 “나도 바로 그를 찾고 있단다.” 말을 끝내고는 또 문을 닫아버렸다.

路人 不 死心, 转 了 一圈儿 后 又 敲 开 了 谬误 的 门, 可 谬误 留 给 他 的 还 是 一 副 冰冷 的 面孔。就 在 路人 近乎 绝望 地 在 谬误 门口 徘徊 的 时候, 不断 的 敲门声 吵 醒 了 谬误 的 邻居, 随着 “吱呀” 的 一声 轻响, 路人 回 头 一 看, 天 哪, 这 不 正 是 真理 吗? 真理 就 住 在 谬误 的 隔壁。人们 常常 是 在 一 次 次 地 敲 响 谬误 的 门 之 后 才 找 到 了 真理。

Lùrén bù sǐxīn, zhuànle yì quānr hòu yòu qiāokai le miùwù de mén, kě miùwù liú gěi tā de hái shì yí fù bīnglěng de miànkǒng. Jiù zài lùrén jìnhu-juéwàng de zài miùwù ménkǒu páihuái de shíhou, búduàn de qiāoménshēng chǎoxǐngle miùwù de línjū, suízhe “zhīyā” de yìshēng qīng xiǎng, lùrén huí tóu yí kàn, tiān a, zhè bú zhèng shì zhēnlǐ ma? Zhēnlǐ jiù zhùzai miùwù de gébì. Rénmen xúnzhǎodao zhēnlǐ, chángcháng shì zài yí cì cì de qiāoxiǎng miùwù de mén zhī hòu.

路人/{不}死心，{转了一圈儿后}{又}敲<开>了(谬误的)[门]，***可***谬误/留<给>[他]的//{还}是(一副)(冰冷的)[面孔]。{就}{在路人近乎绝望地在谬误门口徘徊的时候}，(不断的)敲门声/吵<醒>了(谬误的)[邻居]，{随着“吱呀”的一声轻响}，路人/回[头]{一}看，天哪，这/{不}{正}是[真理]吗？真理/{就}住<在>(谬误的)[隔壁]。人们/{常常}***是***{在一次次地敲响谬误的门之后}{才}找<到>了[真理]。

행인은 단념하지 않고 한 바퀴 돌다가 또 오류의 문을 두드려서 열었지만, 오류가 그에게 남긴 것은 차가운 얼굴이었다. 바로 행인이 거의 절망적으로 오류 문 앞을 배회할 때 쉼 없는 노크 소리가 오류의 이웃을 깨웠다. ‘끼익’하는 경쾌한 소리를 따라 행인이 고개를 돌려 보니, 맙소사, 바로 진리가 아닌가? 진리는 바로 오류의 옆집에 살고 있었던 것이다. 사람들은 종종 몇 번씩 오류의 문을 두드리고 난 이후에야 진리를 찾아낸다.

死心sǐxīn 단념하다.　圈(quān): 바퀴　冰冷(bīnglěng): 냉담하다.
面孔(miànkǒng): 얼굴　徘徊(páihuái): 배회하다.
吵醒(chǎoxǐng): 시끄러워 잠을 깨다.　隔壁(gébì): 이웃

9.2 문장 구조분석과 작문

우리말을 중국어로 작문할 때 먼저 어떤 문형(문장구조)을 사용할지 판단해야 한다. 문형이 정해지면 단어를 그 문형의 특징적인 문장구조에 맞추어 배열한다.

9.1에서 다룬 중국어 문장을 다시 활용하여 우리말을 중국어로 작문하는 연습을 한다. 비교적 중요한 문형의 경우 3단계 모범답안 아래에 유사 문형을 제시하였다.

①모기가 사자 면전에 날아와서 ②그에게 말하길: "③나는 네가 두렵지 않아, ④너는 결코 나보다 강한 것은 아니야. ⑤만약 그렇지 않다고 말한다면, 너는 도대체 무슨 능력이 있니? ⑥발톱으로 움켜잡거나 이빨로 물어 버리는 것이냐? ⑦여자가 남자와 싸울 때도 그렇게 할 거야. ⑧내가 너보다 훨씬 강해. ⑨네가 원한다면 우리 어디 한 번 겨뤄보자!"

1단계	모기(蚊子) 사자(狮子) 면전(面前) 날다(飞)
2단계	술어+결과보어(到)+장소목적어 →어디까지 날아왔다는 표현은 술어+결과보어到 →장소를 나타내는 '어디'는 목적어
3단계	蚊子/飞<到>(狮子)[面前]

① 모기가 사자 면전에 날아와서

- 내 그 책들은 어디로 옮겼지?

(我的)(那些)书/ 搬<到>[哪儿]<去>了?

- 나는 집을 베이징으로 옮기려고 한다.

我/{想}{把家}搬<到>[北京]。

- 너 또 여기까지 (달려) 왔구나!

你/{又}跑<到>[这儿]<来>了!

- 여기 오니 마치 집에 돌아온 것 같다.

来<到>[这儿], {就}{好像}回<到>了[家]。

② 그에게 말하길

1단계	말하다(说)
2단계	말하는 대상은 전치사(对, 跟)로
3단계	{对他}说

③ 나는 네가 두렵지 않아

1단계	두렵다(怕)
2단계	주어:我, 목적어:你, 술어:怕 부정:不
3단계	我/{不}怕[你]

④ 너는 결코 나보다 강한 것은 아니야

1단계	결코(并) 강하다(强)
2단계	「比」비교문의 부정은 「A+不+比B…」형태로 사용되어지나, 의미는 「A는 B보다 …한 것은 아니다 =A는 B와 비슷하게 …하나」이다. (306쪽 참고)
3단계	你/{并}{不}{比我}强。

- 그는 나보다 키가 큰 것은 아니다. (=그는 나와 비슷하게 키가 크다.)

他/ {不}{比我}高。(=他/{跟我}{差不多}高。)

⑤ 만약 그렇지 않다면, 너는 도대체 무슨 능력이 있니?

1단계	만약(如果, 要是, 要), 도대체(到底), 능력(力量)
2단계	{도대체}있니(무슨)[능력] →그렇다는 '这样'으로 표현되는 경우가 종종 있음
3단계	要{不}是[这样], 你/{到底}有(什么)[力量]呢?

⑥ 발톱으로 움켜잡거나 이빨로 물어 버리는 것이냐?

1단계	발톱(爪子), 움켜잡다(抓), 이빨(牙齿), 물다(咬)
2단계	'~으로(이용해서) …하다'는 전치사 用을 사용
3단계	{用爪子}抓{用牙齿}咬吗? 是【{用爪子}抓{用牙齿}咬】吗?

- 소매로 눈물을 한 번 닦았다.

{用袖子}擦了<一下>[眼泪]。

- 우리 자전거로 좀 겨루어볼까.

我们/{用自行车}比比。

⑦ 여자가 남자와 싸울 때도 그렇게 말할 거야.

1단계	여자(女人), 남자(男人), 싸우다(打架), 때(时候)
2단계	'~와'는 전치사 跟, 和, 同를 사용
3단계	女人/{跟男人打架的时候}, {也}{会}{这么}说。 女人/{同男人}打架, {也}{会}{这么}说。

⑧ 내가 너보다 훨씬 강해.

1단계	강하다(强)
2단계	'훨씬 ~하다' 등 정도가 아주 높음을 나타내는 문형은 양태보어문 (186쪽 참조)
3단계	我/{比你}强<得多>。

⑨네가 원한다면 우리 어디 한 번 겨뤄보자!"

1단계	원하다(愿意), 겨루다(较量)
2단계	'어디 한번 ~해보다', '좀 ~하다' 등은 동사 중첩 형태로 표현함
3단계	要是你/愿意, 我们/较量较量吧!" 你/要是愿意, 我们/较量较量吧!" 你/要是愿意, 我们/来较量较量吧!"

※ 来는 동사 앞에 사용되어 '행동주체자'가 어떤 동작(일)을 하려함을 나타내는 연동문 구조를 만듦.

①망아지와 엄마 말은 풀이 우거진 강가에 살고 있었다. ②어느 날 엄마 말이 망아지에게 말하기를 "너는 이미 다 컸으니, 엄마를 도와 일을 할 수 있겠지. ③오늘은 네가 이 식량 한 보따리를 작은 강 맞은편 언덕의 마을로 갖다 주렴!"

① 망아지와 엄마 말은 녹색풀이 가득한 강가에 살고 있었다.

1단계	망아지(小马), 엄마말(老马), 풀이 우거진 모습(绿草茵茵), 강가(河边), 살고 있다(住)
2단계	살고 있다→거주하여 그 곳에 존재하다는 의미로 '거주하다住+결과보어在+장소 목적어' 문형을 사용
3단계	小马和老马/住<在>(绿草茵茵的)[河边]

- 우리는 지금 사거리에 서 있다.

  我们/ {现在} 站<在>[十字路口]。

- 너희는 몇 번째 줄에 앉아 있니?

  你们/ 坐<在>(第几)[排]?

- 사 온 물건은 어디에 놓아두었니?

  (买来的)东西/ 放<在>[哪儿] ?

- 그녀는 친구가 준 선물을 탁자 위에 놓아두었다.

  她/ {把朋友送来的礼物} 放<在>[桌子上]了。

- 당신은 성함과 주소를 여기에 써두세요.

  您/ {把姓名和地址} 写<在>[这儿]吧。

② 어느 날 엄마 말이 망아지에게 말하기를 "너는 이미 다 컸으니, 엄마를 도와 일을 할 수 있겠지.

1단계	어느 날/하루는(有一天/一天), 이미(已经), 자라다/크다(长), 돕다(帮), 일하다(做事)
2단계	-'다 ~했다'→결과보어문. -돕다(帮)은 주로 겸어문에서 겸어 앞에 오는 동사→'누구를 도와서 …을 하다'
3단계	{一天}, 老马/{对小马}说: "你//{已经}长<大>了, {可以}帮[妈妈]/做[事]了。

결과보어는 '到, 着' 등이 상용되나, '光, 懂, 红' 등이 사용되어 술어가 나타내는 동작의 결과가 어떠하다는 표현을 할 수 있다.

- 그는 마침내 그녀의 주소를 알아냈다.

他/ {终于} 打听<到>了 (她的)[住址]。

※ 결과보어는 '到, 着' 등이 상용된다.

- 그는 마침내 그 책을 샀다. (사고자 한 목적을 달성했다)

他/ {终于}买<着>了 (那本)[书]。

- 이번 회의 영화표는 다 팔렸다. (판 결과 하나도 남지 않았다)

(这场的)电影票/ {都} 卖<光>了。

- 나는 중국어 책을 봐서 이해할 수 있게 되었다. (본 결과 이해하게 되었다)

我/ {能}看<懂> (中文)[书]了。

- 큰 불이 하늘과 대지를 비추어 온통 붉게 되었다. (비춘 결과 붉게 되었다)

(大)火/ {把天空和大地} {都}照<红>了。

③ 오늘은 네가 이 식량 한 보따리를 작은 강 맞은편 언덕의 마을로 갖다 주렴!

1단계	식량(粮食), 보따리(袋), 강(河), 맞은편 언덕(对岸), 마을(村子) 가져다 주다/보내다(带, 送, 拿)
2단계	-명령문으로 把字文이 상용된다 특히 지시된 물건 즉 '이것을' 어디로 옮긴다는 내용은 把字文으로 사용. 주어/{把+사물} -식량 한 보따리→수사+양사+명사 형식의 수량사구 -'어디로 이동시키다'는 '술어(동사)+결과보어(到)+장소목적어(어디)' -어디로 가져다 주다→추향보어 去

3단계	{今天}你/{把这袋粮食}送<到>(小河对岸的)[村子里]<去>吧!

- 그는 작년에 그렸던 그 그림을 꺼내왔다.

他/{把去年画的那幅画}拿<出来>了。

- 그는 작년에 그렸던 그 그림을 여기로 가져왔다.

他/{把去年画的那幅画}拿<到>[这边]<来>了。

> ①“쾅! 쾅! 쾅!” 황급히 다가온 행인이 절박하게 신비스런 문을 두드리고 있었다. ②얼마 지나지 않아 문이 열렸다. “당신은 누구를 찾나요?” 문안의 사람이 물었다. ③“저는 진리를 찾고 있습니다.” 행인이 말했다. “잘못 찾았어요. 난 오류랍니다.” ④문 안의 사람은 쾅 하며 문을 닫아 버렸다.

① “쾅! 쾅! 쾅!” 황급히 다가온 행인이 절박하게 신비스런 문을 두드렸다.

1단계	쾅(砰), 황급히 다가오다(匆匆而来, 匆匆忙忙地走过来), 행인(路人), 절박하게(急切地), 신비스럽다(神秘), 문(门), 두드리다(敲打, 敲)
2단계	-핵심내용: 행인이 문을 두드렸다. -(황급히 다가온) 행인이 {절박하게} 두드리고 있었다 (신비스런) [문]을.
3단계	“砰! 砰! 砰!” (一个)(匆匆而来的)路人/{急切地}敲打着(一扇)(神秘的)[门]。

② 얼마 지나지 않아 문이 열렸다. “당신은 누구를 찾나요?” 문

안의 사람이 물었다.

1단계	얼마 지나지 않았다(不久), 문이 열리다(开), 찾다(找)
2단계	
3단계	{不久}, 门/开了。"你/找[谁]?"(门里的)人/问。

③ "저는 진리를 찾고 있습니다." 행인이 말했다. "잘못 찾았어요. 난 오류랍니다."

1단계	진리(真理), 대답하다(回答), 잘못되다(错), 오류(谬误)
2단계	-~하고 있다→(진행형) 부사 正, 在를 부사어로 사용 -잘못 찾았나→술어+결과보어错
3단계	我/找[真理]。=我/{在}找[真理]。 路人/回答。你/找<错>了, 我/是[谬误]。

④ 문 안의 사람은 쾅 하며 문을 닫아버렸다.

1단계	문을 닫다(关)
2단계	-의성사 '쾅(砰)'은 구조조사 地와 함께 부사어로 사용된다. 이 때 '一声(소리)'를 동반할 수 있다. -'그 문을 꽉 닫아버렸다'라는 내용은 把字文을 사용하면 잘 표현된다. '꽉 닫다'는 술어+결과보어 문형을 사용하며 이 때 결과보어로 '上'을 쓸 수 있다
3단계	(门里的)人/{"砰"地}{一声}{把门}关<上>了。

- 비둘기가 구구구 운다.

斑鸠/ {咕咕地} 叫着。

- 어느 날 ET가 비행접시를 타고 "쉭" 소리와 함께 당신 얼굴 앞에 멈추어 서있으면 당신은 그에게 무엇을 말할 수 있겠는가?
{有一天}，ET/坐着[飞碟]{"咻"地}{一声}停<在>(你)[面前]，你/{会}{对他}说[什么]?

부 록

1. 중국어 사전에 대하여
2. 중국어 품사에 대하여

1. 중국어사전에대하여

우리가 쉽게 접할 수 있는 사전으로 「中韩사전」·「韩中사전」·「中中사전」이 있다. 사전은 표제어의 형태·독음·의미·기능 등에 대한 정보를 제공하고 있다.

형태에 관한 정보는 주로 「정자(正字)」·「이체자」 그리고 혼동하기 쉽거나 주의할 점에 관한 것들이다.

독음에 관한 정보는 주로 「정음(正音)」·「이음(异音)에 관한 것인데, 상황에 따라 경성화(轻声化)되는 경우를 알려주기도 한다.

의미란 어휘의미와 문법의미로 나누어 볼 수 있는데, 우리가 일반적으로 말하는 「단어 뜻」이 바로 어휘의미이다. 예를 들면 「学生」은 「학생」이라는 어휘의미가 있다. 문법의미란 「복수(复数)」·「의문」 등을 나타내는 문법적인 의미를 말한다. 예를 들면 「们」은 「앞에 오는 명사가 복수형임」을 나타내고, 「吗」는 그 문장이 「의문형」임을 표시한다.

기능은 그 단어가 문장 속에서 어떤 역할을 하는가를 말하는데, 사전에서는 주로 품사를 통해 그 단어의 기능을 표시한다. 예를 들면 「学生」은 「명사(명)」로 표시되어 있는데, 이것은 「学

生」이란 단어가 명사의 기능을 한다는 의미이다. 어법 책에 의하면 중국어 명사의 기능이란 형용사·대체사·동사·수량사구 및 다른 명사의 수식을 받을 수 있고, 일반적으로 부사의 수식을 받지 못하며, 중첩할 수 없고, 목적어를 취할 수 없으며, 의미자질이 [+인간]인 명사의 복수는 접미사 「们」을 부가하여 나타내고, 문장 안에서 주로 주어 · 목적어 · 관형어 역할을 하며, 경우에 따라 술어 · 보어 · 부사어 등의 역할을 할 수 있다는 것을 의미한다. 「学生」을 예로 이런 기능들이 있는지 살펴보면 다음과 같다.

(好)学生 ▶ 형용사의 수식을 받음.
(他的)学生 ▶ 대체사의 수식을 받음.
(教过的)[学生] ▶ 동사의 수식을 받음.
(一个)学生 ▶ 수량사구의 수식을 받음.
(韩国)学生 ▶ 명사의 수식을 받음.
学生们 ▶ 们으로 복수형을 표시함.

(那个)学生/是(我的)[学生]。▶ 주어와 목적어로 쓰임.
这/是(那个)(学生的)[衣服]。▶ 관형어로 쓰임.
老师/{跟学生}{一起}爬[山]。▶ 「跟」과 함께 전치사구로서 부사어가 됨.

* 不学生 ▶ 부사의 수식을 받지 못함. * 는 非文 표시.
* 很学生 ▶ 부사의 수식을 받지 못함.
* 学生学生 ▶ 중첩할 수 없음.

이상과 같이 사전을 참고하면 단어의 형태 · 독음 · 의미 · 기능 등을 모두 알 수 있다. 물론 사전 중에는 품사가 명기되어 있지 않은 경우도 있지만, 대부분의 사전은 품사까지 명기하고 있다.

그렇다면 사전만 있으면 강독·회화·작문에 전혀 문제가 없겠는가. 반드시 그렇지는 않다. 문장 억양이나 의미의 감정 색채 등의 독음 및 의미 방면의 문제뿐만 아니라 「기능」에 국한하여 보더라도 문제가 있다. 품사란 큰 문법범주이기 때문에 품사 안에서도 기능별로 나눈 소그룹들이 있을 수 있기 때문이다. 우리를 가장 골치 아프게 하는 「동사」를 예로 들면 동사 아래에, 목적어를 취할 수 없는 자동사, 목적어를 한 개만 취할 수 있는 타동사, 간접목적어와 직접목적어를 다 취할 수 있는 타동사, 다른 일반 동사와는 달리 정도부사 「很」을 취할 수 있는 심리동사, 따로 또 같이 쓰이는 동목이합사(动目离合词) 등등의 소그룹들이 있다. 불행하게도 우리나라의 사전은 아직까지 이 소그룹에 관한 정보를 상세하게 제공하고 있지 못하다. 따라서 사전만으로는 우리가 필요로 하는 정보를 다 얻을 수 없다. 그러나 사전은 가장 중요하고 기본적인 정보를 제공하기 때문에, 사전과 아울러 다른 참고서(어법서)를 잘 이용하면 원하는 대부분의 정보를 얻을 수 있다. 다음 예를 보면 사전만으로는 단어 구분이 쉽지 않고, 어법서 등 참고서를 이용해야 한다는 것을 알 수 있다.

일단 사전에 품사가 명기되어 있으면 「단어」라고 할 수 있다. 그러면 「雪白」는 한 단어인가 두 단어인가. 판단하기가 쉽지 않다. 사전을 찾아보면 「雪」와 「白」 또 「雪白」 모두 한 단어로 등록되어 있다. 「雪白」를 주술구(문)로 간주하여 「눈이 희다」로 해석해야 할 지, 한 단어(형용사)로 간주하여 「눈처럼 희다」로 해석해야 할 지 쉽게 판단하기 어렵다. 그러나 이것은 간단한 어법

지식으로 구분할 수 있다. 「눈이 희다」라는 뜻으로는 「雪白」라고 하지 않고, 「雪很白。」라고 한다. 왜냐하면 단음절 형용사가 술어로 쓰일 때는 대개 정도부사 「很」과 같이 쓰이기 때문이다. 「雪白的棉絮miánxù」나 「他的脸色雪白」로 쓰일 때는 더욱 분명하다. 의미상으로도 「(눈처럼) 아주 희다」로 봐야 모순되지 않고 해석이 자연스럽기 때문에 「雪白」는 한 단어로 봐야 한다.

다음은 사전 사용상 주의해야 될 점이다. 첫째 사전의 「字解」가 오히려 효과적인 중국어 학습을 방해할 수 있다. 현재 우리나라에서 출판된 사전들은 거의 모두 「字解」가 있다. 즉 「단어(词) 풀이」가 아니고 「글자(字) 풀이」가 있다는 말이다. 다시 말하면, 단어로 쓰이지 못하고 단지 합성어의 한 어소로만 쓰이는 경우까지 설명하고 있다는 말이다. 초학자들에게 이것은 불필요할 뿐 아니라, 오히려 혼동을 야기한다. 우리가 한자를 배울 때 「字释(뜻)」과 「音(독음)」을 새겨서 익히듯이, 모든 한자가 다 뜻이 있고 또 단어로도 쓰인다는 오해를 불러일으킬 수 있다. 예를 들면 다음과 같다.

【普】pǔ ① 널리. 보편적(으로).전체적(으로).일반적(으로).전면적(으로). …중략… ¶~査↓…하략…

【普査】pǔchá …중략… ② 전체(전면)적으로 조사하다. …하략…

「普」는 단어 「普査」·「普及」 등에서 단어의 한 구성요소인 「어소(형태소)」로만 쓰이는 글자이다. 물론 사전 중에는 위와 같이 품사 표기를 하지 않아서 단어로는 쓰이지 않음을 분명히 하고 있는 사전도 있지만, 우리말 대역어가 버젓이 있기 때문에, 이 「普」가 단어(부사)로 사용되는 것이 아닐까 하는 착각을 유발할 수 있다. 그리하여 현대 중국어에서 「전면적으로 거행하다」를 「*普举行」으로 잘못 작문하든지, 「普罗」는 원래 「야크 털 모포 혹은 프롤레타리아의 약칭」인데 「널리(전면적으로) 나열하다」로 오역할 수 있다.

둘째 사전마다 명기된 품사가 다를 수 있다. 「用功」의 경우, 어떤 사전에는 동사 용법만 수록하고 있다. 즉 동사로 「힘써 배우다」 「공부에 힘쓰다 · 노력하다」라는 두 가지 의미항목만 나열하고 있다. 그러나 다른 사전에는 이 단어에 동사 뿐 아니라 형용사 용법도 소개하고 있다. 바로 「공부에 힘쓰다 · 노력하다」를 형용사일 때의 의미항목으로 수록하고 있다. 그 이유는 심리동사를 제외하면 대개 동사는 정도부사 「很」의 수식을 받을 수 없기 때문에, 「这孩子学习很用功。」과 같은 경우에는 「用功」을 「努力」와 유사한 형용사로 분류하는 것이 중국어 교육과 학습에 더 효과적으로 판단했기 때문일 것이다. 이 두 종류의 사전 중 어느 것이 옳은 지 판단은 일단 보류하더라도, 각 사전들이 단어에 대해 제공하는 정보가 다를 수 있으며, 어느 한 사전의 해설만을 참고해서는 「실수」할 수 있다는 점을 알고 있어야 할 것이다.

사전은 해당 언어를 체계적이며 효과적으로 정확히 기술하고 있어야 한다. 뿐만 아니라 정해진 독자에게 최대한의 편의를 제공할 수 있어야 한다. 그러나 중국어 사전은 시대에 따른 언어변화를 제대로 수용하고 있지 못하며, 잘못 분석(번역)한 예도 없다고 하기 어렵고, 체제나 구성에 있어 아직도 옛것에 너무 얽매여 있는 전 등 개선되어져야 할 부분이 많다.

2. 중국어품사

품사(词类)란 의미 · 기능 · 형태면에서 거의 같은 부류의 단어들을 모아 놓은 것이라고 할 수 있다.

품사 체계는 그 언어를 가장 체계적이고 효과적으로 설명할 수 있어야 한다. 다른 언어와 달리 그 언어에만 있는 품사도 있을 수 있고, 다른 언어에는 다 있지만 그 언어에는 없는 품사도 있을 수 있다. 언어 특성에 따라 품사 체계가 정해지기 때문이다.

중국어는 1981년 가을에 기안되어 1984년에 확립된《中学教学语法系统提要(试用)》에 따라 학교문법 체계의 통일을 기하고 있다. 지금까지 대부분의 중국어 문법서가 이 체계를 따르고 있다. 이 체계에서는 중국어 품사를 12개로 나누고 있다. 즉「명사 · 대체사 · 수사 · 양사 · 동사 · 형용사 · 부사 · 전치사 · 접속사 · 조사 · 감탄사 · 의성사(拟声词)」등 12종류이다. 이 품사들의 명칭이 우리말 품사와 같을지라도 기능은 다를 수 있다. 어떻게 다른 지는 여러 어법서를 참고하면 알 수 있으므로 이 책에서는 대조를 생략한다. 이 12품사 중 유별난 것이 「의성사」이다. 우리는 이것을 「상징부사」 속의 「의성부사」로 간주하는데 비해, 중국에서는 독립된 한 품사로 분류하고 있는 것이다. 이것은 중국어에서 「의성어」는 단어의 형태로 그 기능이 다른 품사와 맞먹을 정도로 다양하고, 중요하기 때문이다.

《中学教学语法系统提要(试用)》 체계가 반드시 중국어를 가장 체계적이고 효과적으로 묘사하고 있다고 볼 수 없다. 더 좋은 품사체계가 있을 수 있기 때문이다. 적어도 우리는 우리에게 맞는 중국어 품사체계를 선택할 필요가 있다.

이 책에서는 위 12품사에서 「동사」를 「동사」와 「조동사」로 나누고, 「형용사」를 「형용사」·「구별사」·「상태사」로 나눈 15품사 체계를 따르고자 한다.

중국어의 15품사는 다음과 같다.

내용어

(1) 명사(名词)
(2) 대체사(代词)
(3) 수사(数词)
(4) 양사(量词)
(5) 동사(动词)
(6) 조동사(能愿动词)
(7) 형용사(形容词)
(8) 구별사(区别词)
(9) 상태사(状态词)
(10) 부사(副词)
(11) 의성사(拟声词)

기능어

(12) 전치사(介词)
(13) 접속사(连词)
(14) 조사(助词)
(15) 감탄사(叹词)

다음은 주요 품사의 구분법이다.

<table>
<tr><td colspan="7">不의 수식, 很의 수식, 목적어 동반, 보어 동반</td></tr>
<tr><td colspan="3">가능</td><td colspan="4">불가능</td></tr>
<tr><td>형용사</td><td colspan="2">동사</td><td>상태사</td><td>명사</td><td>구별사</td><td>부사</td></tr>
<tr><td rowspan="4">很~가능
~목 불가</td><td>타동사</td><td>很~불가
~목가능</td><td rowspan="4">보어가능</td><td colspan="3">보이 불가능
(부사 중 很 예외)</td></tr>
<tr><td>자동사</td><td>很~가능
~목물가</td><td rowspan="3">주어/목적어
가능</td><td colspan="2">주어/목적어
불가능</td></tr>
<tr><td rowspan="2">심리동사</td><td rowspan="2">很~가능
~목가능</td><td>구별사</td><td>부사</td></tr>
<tr><td>관형어가능,
부사어
불가능</td><td>부사어가능,
관형어
불가능</td></tr>
</table>

어떤 단어 앞에 「不」와 「很」이 올 수 있는가와 뒤에 목적어와 보어를 취할 수 있는가 여부를 먼저 분석하여, 가능하면 형용사 혹은 동사이고, 불가능하면 상태사·구별사·명사·부사 중의 어느 하나가 될 수 있다.

형용사와 동사의 구분은 단어 앞에 「很」이 올 수 있는지와 목적어를 동반할 수 있는지 여부로 결정한다. 동사는 심리동사를 제외하고 「很」의 수식을 받을 수 없다. 상태사·구별사·명사·부사는 보어가 될 수 있는지의 여부에 따라서, 가능하면 상태사, 불가능하면 구별사·명사·부사라고 할 수 있다. 단 부사 「很」은 예외로 정도보어문에서 보어로 쓰일 수 있다. 이 단어를 제외한 부사는 보어로 쓰일 수 없다. 구별사·명사·부사는 주어와 목적어가 될 수 있으면 명사이고, 될 수 없으면 구별사나 부사이다. 구별사와 부사는 관형어나 부사어가 될 수 있는지의 여부에 따라 구분할 수 있다.

그 밖의 품사는 해당 단어 수가 적어서, 쉽게 구분할 수 있기 때문에, 번잡함을 피하기 위해 표에서 생략하였다. 1급 상용단어(1,033개) 중에 감탄사는 2개(啊 · 嗯), 의성사는 1개(哈哈)가 있을 뿐이다. 전치사는「比 · 朝 · 对 · 给 · 通过 · 和 · 跟 · 把 · 被 · 从 · 当 · 叫 · 经过」등 13개뿐이다. 또 접속사는「和 · 跟 · 不如 · 结果 · 还是 · 接着 · 就 · 不但 · 但是 · 而且 · 或者 · 可是 · 那(么) · 虽然 · 所以」등 15(16)개 뿐이다. 또 조사는「啊 · 得 · 等 · 的 · 地 · 了 · 着 · 过 · 啦 · 嘛 · 吗 · 哪 · 呐 · 呢」등 14개뿐이다. 이 세 품사를 다 합쳐봐야 모두 42(43)개이다.

여기에 인칭대체사「我(们) · 你(们) · 他(们) · 她(们) · 它 · 您」과 지시·의문대체사「这 · 那 · 哪(~里 · ~儿 · ~个 · ~些 · ~样) · 别的 · 别人 · 大家 · 任何 · 每 · 各(种) · 多少 · 几 · 什么 · 谁」, 조동사「该 · 会 · 可 · 得děi · 敢 · 可以 · 能够 · 能」, 수사「一 · 二 · 三 · 四」등은 쉽게 구별이 된다. 양사 역시 대개 수사 뒤에 오며 대부분 1음절 단어이기 때문에 쉽게 파악된다.

이렇게 단어의 품사(기능)를 파악할 수 있으면 문장 속에서 역할을 알 수 있기 때문에 좀더 효과적으로 활용할 수 있다.

참고문헌

김종호, 1998, 현대 중국어 문법, 신아사.

류기수, 2003, 중국어문법, 시사중국어문화원.

맹주억, 1992, 현대 중국어 문법, 청년사.

박춘범, 1990, 현대중국어실용문법, 중문출판사.

원종민, 2003, 핵심 중국어문법, 제이플러스.

이상도, 1997, 중국어문법, 동방미디어.

찰스 N. 리, 산드라 A. 톰슨(박종한 외 역), 1990, 표준 중국어 문법, 한울아카데미.

Fang 房玉清, 1994, 实用汉语语法, 北京语言学院出版社.

Li 李临定, 1986, 现代汉语句型, 商务印书馆.

Li 李英哲 외(熊文华 역),1990,实用汉语参考语法, 北京语言学院.

Lin 林杏光, 1990, 汉语句型, 中国国际广播出版社.

Liu 刘月华 외 (김현철 외 역), 2005, 실용현대한어어법(상), 송산출판사.

Liu 刘月华 외 (윤화중 외역), 1988, 현대중국어문법, 대한교과서주식회사.

Lü 吕叔湘 주편, 1999, 现代汉语八百词, 商务印书馆.
Min 闵龙华주편, 1994, 现代汉语用法词典, 江苏少年儿童出版社.
汉语水平考试等级大纲, 1990, 北京语言学院出版社.

찾아보기